식민사학의
카르텔

식민사학의 카르텔
2017년 9월 15일 초판 1쇄 인쇄
2017년 9월 20일 초판 1쇄 발행

지은이   김현구
펴낸이   이상규
펴낸곳   이상미디어
등록번호   209-06-98501
등록일자   2008.09.30
주소   서울시 성북구 정릉동 667-1
대표전화   02-913-8888
팩스   02-913-7711
E-mail   leesangbooks@gmail.com
ISBN   979-11-5893-040-0 (03910)

김현구 지음

역사를
왜곡하는 자는
누구인가?

식민사학의
카르텔

이상

차례

책을 펴내며

2017년 6월 도종환 문화체육부장관이 장관후보자로서 "일본이 '임나일본부'설에서 임나를 가야라고 주장했는데, 일본의 지원으로 이 주장을 쓴 국내 역사학자들의 논문이 많다. 관련 자료들을 찾아 봤다" "확실히 싸워야 할 문제가 있다면 싸우겠다"고 언급했다. 이 발언은 "식민사학자라고 비판받는 역사학자들 이외에 임나의 위치를 가야의 그것으로 비정하는 한국 학자는 없다고 해도 과언이 아니"라고 하는 사이비 역사학자 이덕일과 맥을 같이 하는 것이 아닌가 하여 논란이 되었다. 새삼 사이비 역사학이 화제가 된 것이다.

사이비 역사학이 표면적인 명분으로 내세우는 것은 '민족주의'와 '반식민사학'이다. 사이비 역사학은 기존 역사학계를 식민사학으로 매도함으로써 존재감을 드러낸다. 전문성이 없기 때문에 단순한 테마로 북쪽으로는 '낙랑'을 '요서'로 비정하고, 남쪽으로는 '임나'를 '일본열도'로 비정하면서 '평양'과 '가야'로 비정하고 있는 기존 사학계를 일제가 만든 식민사학의 틀을 벗어나지 못하고 우리의 광활한 영토를 중국과 일본에 팔아먹는 매국노라는 자극적인 용어를 동원하여 식민사학으로 매도한다.

광활한 만주벌판과 일본열도까지 지배하던 역사를 팔아먹었다는 데 분노하고 친일파 청산에 공감하는 항일가문 후손들, 독립운동가 기념사업회 등이 쉽게 가세하여 사이비 역사학에 정당성을 실어준다. 그리고 국민감정에 영합하려는 매스컴이 그들의 주장을 기사화함으로써 그들을 조명한다. 여기에 애국심에 도취된 대중들이 가세한다. 이것이 바로 사이비 역사학이 생명력을 갖고 뻗어가는 구조이다. 사이비 역사학의 터무니없는 주장과 모함에 대해 그동안 학계가 무시하고 침묵하는 동안 사이비 역사학은 일반 대중뿐 아니라 사회 지도층 인사들에게까지 파고들어 비대해지고 권력화되었다.

이런 구조 때문에 전문적인 지식도 없는 자들이 학술적인 논문으로는 대응하지 못하고 낙랑이 요서에 있었고 임나가 일본열도에 있었다는 단순한 이슈로 사학계를 매도할 수 있는 것이다. 그리고 그들이 하는 짓이 사실은 식민사학 앞잡이 노릇으로 식민사학 청산에 평생을 받쳐온 학자를 식민사학자로 매도하고 식민사학 반박 연구에 재갈을 물리는 일임에도 불구하고 한국사회의 내로라하는 명사들이 들러리를 서고 매스컴이 다투어 가면서 지면을 제공하고 열광하는 사람들이 생겨나고 있다.

선진국에서는 역사 분야에서도 전문 기자가 있다. 따라서 낙랑이 요서에 있었느니 임나가 일본열도에 있었느니 하는 단순한 주장을 뉴스거리로 만들어주지 않는다. 학문적인 성과, 즉 논문을 근거로 판단하기 때문에 낙랑이 요서에 있었느니 임나가 일본열도에 있었느니 하는 주장은 간단히 진위를 간파할 수 있으므로 뉴스거리로 만들어 주지 않는 것이다. 관계 논문을 읽어본 사람이라면 한 눈에 알 수 있는 문제이기 때문이다. 그래서 사이비 역사학이 발붙일 수 없고 대중들도 냉정한 눈을 갖게 한다. 당연히 이런 소재가 사회적 이슈가 되기 어렵다.

21세기 대한민국은 무역규모 세계 10위, GDP 15위를 자랑하는 경제대국이 되었다. 하드웨어는 어느 정도 갖추어졌지만 짧은 기간에 근대화를 이룩하느라 소프트웨어는 많이 부족한 상태다. 이제부터 소프트웨어를 채워야 할 때라고 생각한다. 광복 70년이 지났고 경제대국의 반열에 오르고 있는 우리나라에서 아직도 식민사관이라는 말에 현혹되어 항일가문 후손들, 독립운동가 기념사업회 등까지 사이비 역사학자의 들러리를 서는 것은 지하에 계시는 순국선열들의 영혼을 욕보이는 것이고 우리 스스로를 욕보이는 일이다.

선진사회로 가기 위해서는 어느 때보다도 매스컴의 역할이 크고 대중들도 쉽게 감정에 영합하지 말고 사실을 확인하고 냉정하게 행동하는 자세가 필요하다. 나아가 학계도 비대해지고 권력화된 사이비 역사학의 영향력과 위험성을 직시하고 더 이상 무시와 침묵으로만 일관하지 말고 적극적으로 대응하는 책임 있는 태도를 보여야 한다. 우리 사회를 되돌아보고 선진사회로 나아가는 데 도움이 되고자 하는 생각에서 식민사학의 앞잡이 노릇을 하고 있는 사이비 역사학의 사회적 구조와 실체를 밝히는 이 책을 쓰게 되었다.

2017년 7월
고려대학교 명예교수 일사 김현구

1장

임나일본부설의
앞잡이를 고발한다

식민사학의 표상
스에마쓰의 임나일본부설

일제 강점기 경성제국대학교 교수였던 스에마쓰 야스카즈(末松保和)는 고대 일본의 관찬사서인《일본서기》(720)를 바탕으로 서술한《임나흥망사》(길천홍문관, 1949)에서 왜의 '야마토(大和) 정권이 4세기 중반부터 6세기 중반까지 약 200여 년간 한반도 남부의 임나(가야)를 직접 지배하고, 임나를 근거지로 백제와 신라를 간접 지배했다'는 소위 '임나일본부설'을 주창하였다.(《임나일본부설은 허구인가》16쪽) 스에마쓰의《임나흥망사》는 1949년에 출판되었지만 사실은 1945년 일본이 패망하기 이전 일본 학계의 업적을 종합 정리한 것이다.

우리나라에서는 한반도 남부를 지배하기 위해서 임나에 임나일본부라는 기구를 설치하고 있었다고 주장한다는 점에서 스에마쓰의 주장을 '임나일본부설' 또는 스에마쓰의 이름을 붙여서 스에마쓰설이라고도 부른다. 일본에서는 주로 '남선(南鮮)경영론'이라고 부르고 있다. 1910년 한일병합을 역사적으로 합리화한다는 점에서 스에마쓰의 임나일본부설을 우리나라에서는 '식민사학'의 표상으로 생각하고 이를 추종하는 학자들을 식민사학자라고 부른다.

현재 일본 역사학계에서는 1945년 패전 이전에 일본의 역사를 가능한 한 시간적으로는 길게, 공간적으로는 넓게 늘리려고 했던 연구 자세에 대한 반성으로 직접 임나일본부설을 거론하는 사람들은 많지 않다. 그러나 아직도 일본 고대사는 한반도 남부를 200여 년간 지배했다는 임나일본부설을 전제로 하는 틀을 그대로 유지하고 있다. 따라서 왜가 임나에 임나일본부라는 기구를 설치하고 한반도 남부를 직접 지배했다고 주장하지는 않지만 왜가 한반도 남부에서 활동한 사실 자체를 부정하는 학자는 없다. 여기에 변형된 임나일본부설이 끊임없이 등장하는 이유가 있다.

한일 정부는 양국 간 첨예하게 대립하고 있는 역사쟁점을 해결하기 위해서 2002~2005년 제1기, 2007~2010년 제2기에 걸쳐 양국에서 선정된 10명씩의 역사학자들로 구성된 한일역사공동연구위원회를 설치하여 공동연구를 한 바 있다. 이때도 가장 치열한 논쟁이 벌어진 주제가 바로 임나 문제였다. 임나일본부 문제에 대해서 나는 제1기 한국 측 한일역사공동연구위원으로서 일본 측 파트너인 도쿄대학의 사토마코도(佐藤 誠) 교수와 논전을 벌인 바 있다.

스에마쓰 임나일본부설의 앞잡이

현재 일본 측에서는 노골적으로 임나일본부설을 주장하는 학자는 거의 없다. 그러나 오히려 한국에 스에마쓰의 임나일본부설을 능가하는 주장을 할 뿐만 아니라 아예 자신의 책에 왜(倭)라는 세력을 한반도 지도 서남부에 표기하는 사람이 나타났다. 그가 바로 '식민사학해체국민운동본부' '학술위원장'이라는 직함을 가지고 있는 이덕일이다.

이덕일은 1998년 《사도세자의 고백》, 2000년 《송시열과 그들의 나라》 등을 출판하면서 유명세를 타기 시작한 대중저술가이다. 그는 역사학자 행세를 하면서 활발하게 저술활동과 강연을 하고 여러 신문에 칼럼을 쓰고 있다. 그는 일찍부터 《우리 역사의 수수께끼 1》(금영사, 1999), 《고구려 700년의 수수께끼》(대산출판사, 2000) 등에서 고대 한일관계사에서 쟁점이 되고 있는 문제들에 대해 많은 언급을 하고 있다.

스에마쓰 등 일본학자들이 임나일본부설을 주장할 때 왜가 한반도 남부를 지배하기 시작했다는 근거로 내세우는 금과옥조가 《일본서기》 신공황후(神功皇后) 49년(369)조 '왜가 가야 7국을 평정하고 신라와 백제를 속국으로 삼았다'는 아래 기사이다.

49년 봄 3월, 아라타와케(荒田別)·카가와케(鹿我別)를 장군으로 삼아 구저(久氏) 등과 함께 병사를 거느리고 탁순국(卓淳國, 대구)에 이르러 장차 신라를 치려고 하였다. 이때 어떤 사람이 "군대가 적어서 신라를 깨뜨릴 수 없으니, 다시 사백(沙白)과 개로(蓋盧)를 보내어 군사를 늘려 주도록 요청하십시오"라고 말했다. 곧 목라근자(木羅斤資)와 사사노궤(沙沙奴跪)에게(이 두 사람은 그 성을 모른다. 단 목라근자는 백제장군이다) 정병을 이끌고 사백·개로와 함께 가도록 명령하였다. 함께 탁순에 모여 신라를 격파하고 이어서 비자벌(比自㶱, 창령)·남가야(南加羅, 김해)·녹국(㖨國, 경산)·다라(多羅, 함안)·탁순(卓淳)·가야(加羅, 고령=대가야) 7국을 평정하였다. 또, 군대를 옮겨 서쪽으로 돌아 고해진(古奚津, 강진)에 이르러 남만(南蠻) 침미다례(忱彌多禮, 강진)를 무찔러 백제에게 주었다. 이에 백제왕 초고(肖古, 근초고왕)와 왕자 귀수(貴須, 근구수)가 군대를 이끌고 와서 만났다. 이때 비리(比利, 전주)·벽중(辟中, 김제)·포미지(布彌支, 미상)·반고(半古, 나주 번남) 4읍이 스스로 항복하였다. 이 때문에 백제왕 부자와 아라타와케·목라근자 등이 함께 의류촌(意流村, 지금은 주류수기主流須祇라고 한다)에 모여서 서로 기뻐하고 후한 예로써 맞이하였다. 오직 지쿠마 나가히코(千熊長彦)와 백제왕은 백제국에 이르러 벽지산(辟支山, 김제)에 올라 함께 반석 위에 앉았다. 이때 백제왕이 맹세하여 말하였다. "만약 풀을 깔아서 자리를 만든다면 불에 탈까 두렵고, 나무로 자리를 만든다면 물에 떠내려 갈까 걱정된다. 그러므로 반석에 앉아 맹세하는 것은 오래도록 썩지 않을 것을 보여주는 것이니, 이로써 지금 이후 천년만년 끊이지 않고 항상 서번(西蕃)이라 칭하고 봄 가을로 조공하겠다." 곧 지쿠마 나가히코를 거느리고 도읍에 이르러 후하게 예를 더하고 구저 등을 함께 보냈다.

스에마쓰 등 일본 학자들은 왜가 가야 7국을 평정하고 신라를 격파하고 백제를 속국으로 삼았다는 신공황후 49년(369)조의 내용을 역사적 사실이라고 주장하고 이때부터 대가야(고령가야)가 멸망하는 562년까지 약 200년간 임나(가야)를 직접 지배하고 백제와 신라를 간접 지배했다는 것이다. 그러나 한국 학계에서는 이것을 백제의 이야기로 백제가 구마한 지역을 정복하는 작전으로 보고 있다.

그런데 이덕일은 1999년 이희근과 공동으로 저술한 《우리 역사의 수수께끼 1》에서 《일본서기》 신공황후 49년(369)조에 대해서 "한반도 내의 왜로 추정되는 정치세력은 《일본서기(日本書紀)》 신공(神功) 49년(369)에도 보이는데, 백제 근초고왕과 함께 가야 7국과 마한 잔존 세력을 정복한 사건은 한반도 내의 왜가 수행한 군사 정복일 가능성이 있다"(23쪽 4~7행)고 주장했다. 왜가 신라를 격파하고 가야 7국을 평정한 다음 백제를 속국으로 삼았다는 《일본서기》 신공황후 49년(369)조의 내용을 "한반도 내의 왜가 수행한 군사 정복일 가능성이 있다"라고 인정하고 있는 것이다. 이덕일은 유사 이래 《일본서기》 신공황후 49년(369)조를 왜가 한반도 남부에서 수행한 작전으로 인정한 유일한 한국인이라고 할 수 있다.

스에마쓰 등 일본학자들은 《일본서기》 신공황후 49년(369)조의 내용이 역사적 사실임을 뒷받침하는 한국 측 자료로써 고구려 장수왕이 아버지 광개토대왕의 공적을 기리기 위해서 414년 압록강 북안 통구에 세운 〈광개토왕릉비문〉을 언급한다. 거기에 보이는 유명한 '百殘新羅舊是屬民由來朝貢, 而倭以辛卯年來渡海破百殘○○○羅以爲臣民(백잔신라구시속민유래조공, 이왜이신묘년래도해파백잔○○○라이위신민)'이라는 소위 신묘년(辛卯: 391)조 때문이다. 한국학계는 신묘년조에 대해서 대체로 '백제와 신라가 예부터 (고구려의) 속민으로 조공을 받쳐왔는데 신묘년에 왜가 왔으므로 백제 ○○신라를 파하여 신민으로 삼았다'라고 해석하여 신묘년조의 마지막 부분인 '백제와 ○○신라를 신민으로 삼았다'(百殘○○○羅以爲臣民)의 주체를 고구려로 보고 있다.

반면 일본 역사학계에서는 '백제와 신라가 예부터 (고구려의) 속민으로 조공을 받쳐왔는데 왜가 신묘년에 바다를 건너 와서 백제 임나 신라를 파하여 신민으로 삼았다'라고 해석하여 '백제와 ○○신라를 신민으로 삼았다'(百殘○○○羅以爲臣民)의 주체를 왜라고 주장하고 있다. 이런 해석을 근거로 〈광개토왕릉비문〉 신묘년조의 내용은 《일본서기》 신공황후 49년(369)조에 왜가 가야 7국을 평정하고 백제와 신라를 속국으로 삼았다는 내용을 뒷받침한다고 주장한다. 스에마쓰 등 일본 학자들이 왜가 임나를 직접 지배하고 백제와 신라를 간접 지배하고 그 지배기구로써 임나에 임나일본부라는 통치기구를 설치했다는 소위 임나일본부설의 핵심 근거로 신묘년조를 드는 이유가 여기에 있다.

그런데 이덕일은《우리 역사의 수수께끼 1》에서 위 신묘년조에 대해서 다음과 같이 기술하고 있다.

일본사 연구자들에 따르면 신묘년, 즉 4세기 후반에 일본은 통일된 정권을 형성하지 못하고 있었다. 즉 4세기 후반에 일본열도 내에서 바다를 건너와 백제와 신라를 공격할 만한 정치세력은 존재하지 못했다는 것이 일본 학계의 연구결과이다. 그렇다면 신묘년에 백제와 신라를 공격한 왜는 한반도 내에 있었던 정치세력인 것이다.

당시 왜가 강력한 정치집단이었음은 김부식의《삼국사기》에서도 확인할 수 있다.《삼국사기》백제본기 아신왕 6년(397)에 "왕이 왜국과 우호관계를 맺고 태자 전지를 인질로 보냈다"는 기사 내용과 신라본기 실성왕 1년(402년) 3월에 "왜국과 우호관계를 맺고, 내물왕의 아들 미사흔을 인질로 보냈다"는 기사는 당시 왜가 백제와 신라를 자신의 영향력 아래 두었던 강력한 정치집단임을 보여주는 것이다.

한반도에 있었던 왜는 백제와 신라를 영향력 아래 두고 고구려의 남하정책에 맞서 싸웠던 강력한 정치집단이었다. 그간 일본인들이 왜를 일본열도 내로 비정하면서 생겼던 모든 모순은 왜를 한반도 내의 정치집단으로 이해할 때 풀리게 된다.(위 책 22쪽)

이덕일은 신묘년에 백제, 임나, 신라를 속민으로 삼았다는 주체를 왜라고 주장한다. 그리고 "한반도 내의 왜는 〈광개토왕릉비문〉의 기사에 의하면, 400년과 404년 두 차례에 걸쳐 고구려와 대규모 전쟁을 벌였다가 패하여 그 세력이 결정적으로 약화된다. 고구려와 더 이상 싸울 여력을 잃은 왜는 한반도 남부를 포기한 채일본 규슈 지방으로 건너가는 것이다. 그리고 《일본서기》의 동정(東征) 기사는 이들이 수행한 열도 정복사건을 묘사한 것이다. 5세기 이후의 중국 기록들이 이전의 기사와는 달리 왜의 중심지를 한반도 남부가 아닌 일본열도로 기록한 것은 이런 변화한 사정을 반영하는 것이다"(위 책 23쪽 하단부분)라고 주장하고 있다.

〈광개토왕릉비문〉 400년 조에는 백제가 왜를 대고구려전에 끌어들인 것으로 되어 있고, 404년조에는 왜가 대방계(현재의 황해도)까지 올라가서 고구려와 싸운 것으로 되어 있다. 우리나라 학계에서는 고구려와 싸운 왜는 도적 수준이거나 백제가 끌어들인 백제의 용병에 불과하다고 주장하고 있는 데 반해 이덕일은 왜가 주체가 되어서 고구려와 싸운 것이라고 주장하고 있다. 그 왜가 일본열도로 건너가 열도를 정복하면서 현재의 일본으로 계승되었다는 것이다. 이는 동경제국대학교 교수였던 에가미 나미오(江上波夫)의 북방 기마민족이 한반도를 남하하여 한반도 남부를 점령하고 주력은 일본열도로 들어가서 고대국가를 건설함으로써 한반도 남부와 일본열도를 아우르는 정복국가를 건설하였다는 소위 기마민족설을 그대로 추종한 것이다.

이덕일은 위와 같이, 4세기에 한반도 남부에 왜라는 정치세력(현재 일본민족의 전신)이 존재하면서 신라와 백제의 왕자를 인질로 삼으면서 신라와 백제를 자신의 영향력 아래 두고 가야 7국과 마한 지역까지 정복하는 등 사실상 한반도 남부를 지배하고 있었고, 그 정치세력이 일본열도로 건너가 열도를 정복하면서 현재의 일본으로 계승되고 있다고 주장하고 있다.

이덕일의 이런 주장은 일본학자들의 '임나일본부설'을 능가한다. 이덕일의 주장은 4세기에 한반도 남부에 왜라는 정치세력이 존재하면서 신라, 백제를 거느리고 가야를 정복하는 등 한반도 남부를 지배했다는 것이다. 이에 따르면 한반도 남부는 원래부터 일본이 지배하던 곳이므로 일본이 한국을 합병하는 것은 원래로의 환원이기 때문에 정당하다는 식민사관의 가장 전형적인 설이 되어버린다.

우리나라는 물론이고 현재 일본에서도 이렇게 노골적으로 고대에 왜가 한반도 남부를 지배했다고 주장하는 학자는 존재하지 않는다.

한반도 지도 서남부에 왜(倭)라는
세력을 표기한 사이비 역사학자

일본학자들이 《일본서기》의 왜가 한반도 남부를 지배하고 있었다는 내용을 뒷받침하는 제3국 사료로써 들고 나오는 것이 심약(沈約, 441~513)이 편찬한 중국의 《송서》 왜국전에 보이는 '찬(讚), 진(珍), 제(濟), 흥(興), 무(武) 등 소위 왜의 5왕이 421년부터 478년까지 중국의 송(420~479)에 조공했다'는 기록이다.

《송서》 왜국전에는 438년 왜왕 진(珍)이 송에 사신을 파견하면서 '황제의 명을 받아서 왜·백제·신라·임·진한·모한 6국의 군사를 관장하는 안동대장군 겸 왜국왕'(使持節都督 倭·百濟·新羅·任那·秦韓·慕韓 六國諸軍事安東大將軍 倭國王)을 자칭한 것으로 되어 있다. 478년에는 왜왕 무(武)가 "황제의 명을 받아서 왜·백제·신라·임나·가라·진한·모한 7국의 군사를 관장하는 안동대장군 겸 왜국왕"을 자칭하자 남조는 백제를 제외한 6국의 군사권을 인정한 것으로 되어 있다.

한국 학계에서는 왜 5왕의 주장은 역사적 사실과는 무관하다거나, 5세기 당시에는 한반도에 진한 모한 등은 존재하지 않았으므로(진한이 신라가 되었고, 마한이 백제가 되었다) 만약에 《송서》 왜국 전의 내용이 역사적 사실을 반영한 것이라면 왜 5왕이 군사권을 주장한 백제·신라·임나·가라·진한·모한 등은 한반도에 있었던 것이 아니라 일본열도에 존재하던 나라들로 결국 그들은 한반도 의 백제·신라·임나·가라·진한·모한 사람들이 일본열도에 건너가 서 세운 분국들이라는 소위 '삼한삼국의 일본열도 내 분국'이라고 주장하고 있다.

반면에 일본 학자들은 왜가 가야 7국을 평정하고 백제와 신라 를 속국으로 삼았다는 《일본서기》 신공황후 49년(369)조의 내용 을 잘 뒷받침해주고 있는 내용이라고 주장하고 있다. 더욱이 《송 서》 왜국전은 분쟁 당사국인 일본이나 한국의 사료가 아닌 제 3국 의 사료로써 대단히 신뢰성이 높다고 주장한다.

그런데 이덕일은 《송서》 왜국전에 보이는 왜 5왕에 대해서 아 래와 같이 주장하고 있다.

왜(倭) 사신은 중국에서도 큰소리를 쳤다

고구려에게 결정적 타격을 입고 일본열도로 이주한 왜는 과거에 한 반도에서 차지했던 위상을 근거로 한반도 남부의 연고권을 주장했 다. 중국 《송서》에 따르면 왜왕(倭王)은 남송(南宋: 420~479)에게 보낸 외교문서에서 스스로 '도독 왜·백제·신라·임나·진한·모한육국제군사

(都督倭百濟新羅任那秦韓慕韓六國諸軍事)'라 칭하였다.

당시 남송은 백제와 외교관계를 맺고 있었으므로, 백제에 대해서는 연고권을 인정해줄 수 없었다. 그래서 남송은 비록 형식적이지만 왜왕에게 '도독 왜·신라·임·진한·모한 육국제군사'라는 작호를 내려주어 한반도에서 지녔던 과거의 위상을 인정해주었다. 그리고 남송을 계승한 남제(南齊: 479~502)도 이 왜왕의 작호를 인정해 왜는 비록 형식적이나마 고구려를 제외한 한반도 남부의 주도권을 주장할 수 있었다.

그리고 과거부터 사이가 좋았던 백제와는 정치·문화적 교류를 계속했다. 전남 나주 반남고분군은 고대 한반도 남부지역을 지배했던 왜라는 정치세력이 남긴 민족사적 유산이다.(위 책 27쪽)

이덕일은 일본 학자들이 임나일본부설의 가장 중요한 근거 중의 하나로 내세우고 있는《송서》왜국전에 보이는 '왜 5왕이 한반도 남부의 백제·신라·임나·가라·진한·모한에 대한 군사권을 가졌다'는 주장을 그대로 역사적 사실로 인정하면서 노골적으로 왜가 고대 한반도 남부를 지배했다고 주장한다. 이덕일은 위 책에서 '전남 나주 반남고분군은 고대 한반도 남부지역을 지배했던 왜라는 정치세력이 남긴 민족사적 유산이다'라고까지 기술하고 있다.

더욱 놀라운 사실은 이덕일의 또 다른 저서《고구려 700년의 수수께끼》 41쪽 고대 한반도 지도를 보면, 고대 한반도 서남부에 '왜'라는 세력을 표기하고 있다는 사실이다. 버젓이 한반도 지도 남부에 왜의 지도를 그려 넣고 있는 것이다. 한국 학자는 물론이 거니와 일본 학자들 중에서도 일제 강점기부터 지금까지 한반도 지도에 왜라는 세력을 노골적으로 그려 넣은 사람은 아무도 없었다. 아마 앞으로도 한일 학계에서 이런 사람은 나오지 않을 것이다. 왜냐하면 그것은 역사적 사실이 아니기 때문이다.

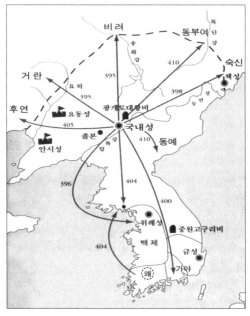

이덕일이 펴낸 《고구려 700년의 수수께끼》 41쪽 지도

이덕일은 한 걸음 더 나아가 다음과 같이 서술하고 있다.

왜란 정치세력은 광개토왕릉비문에만 나오는 것이 아니라 김부식의 《삼국사기》에도 적지 않게 등장하기 때문이다. 《삼국사기》에만 무려 110회 등장하는 정치세력이 왜인 것이다. …(중략)… 왜의 침략 때문에 나라의 운명이 불분명해지는 상황까지 처하자 실성왕은 왜에 자신의 아우를 인질로 보내면서까지 우호관계를 구축해야 했다.(위 책 101~012쪽), 고구려군에 쫓긴 왜군이 도망간 지역이 임나가라인 점은 임나일본부와 관련해 흥미 있는 대목이다. 이 당시 임나가라는 왜의 강력한 영향력 아래 있음을 시사해주기 때문이다.(위 책 107~108쪽)

위와 같은 기술을 통하여 이덕일은 왜가 《일본서기》 신공황후 49년(369)조, 〈광개토왕릉비문〉 신묘년(391)조, 《송서》 왜국전의 주체임은 물론 아예 왜가 '임나가라'를 강력한 영향력 아래에 두고 있었다고 주장함으로써 스에마쓰의 임나일본부설을 노골적으로 지지하고 있다.

문제는 스에마쓰 등 일본 학자들이 왜가 고대에 한반도 남부를 지배했다는 근거로 내세우는 《일본서기》 신공황후 49년(369)조나 〈광개토왕릉비문〉 신묘년조, 또는 《송서》 왜국전에 나오는 임나 지배에 대해서 아무런 검증과정을 거치지도 않고 스에마쓰의 임나일본부설을 능가하는 주장을 하고 있을 뿐만 아니라 한 걸음 더 나아가 한반도 지도 서남부에 왜라는 세력을 표기하고 있다는 사실이다. 《일본서기》 신공황후 49년(369)조나 〈광개토왕릉 비문〉 신묘년조, 또는 《송서》 왜국전의 주체가 왜라는 주장이 역사적 사실이고 검증절차를 거친 것이라면 학자적 양심에서 그런 주장을 못할 바도 아니라고 생각한다. 그러나 아무런 검증절차도 거치지 않고 그런 주장을 하는 이유가 무엇인지 알 수 없다. 더구나 일제 식민사학자들도 감히 못했던, 왜를 버젓이 한반도 지도의 서남부에 그려 넣고 있는 이유는 무엇이란 말인가?

2장

식민사학의 앞잡이가
사학계를 매도하는 세상

임나일본부설을 학문적으로
반박한 한국 유일의 책

한국 학계에서 스에마쓰의 임나일본부설에 대한 간헐적인 비판은 있었지만 난해한 《일본서기》에 대한 사료 비판의 어려움 등으로 인해 본격적이고 체계적으로 반론을 제기하지는 못하고 있었다. 나는 일찍부터 국가적 과제인 스에마쓰의 식민사학 극복에 뜻을 두고 30여 년간 연구에 정진하여 《大和(야마토)政權의 對外關係硏究》(도쿄, 1985), 《任那日本府硏究 _韓半島南部經營論批判_》(일조각, 1993년), 공저 《일본서기 한국관계기사 연구(1~3)》(일지사, 2002~2004), 《古代韓日交涉史의 諸問題》(일지사, 2009) 등에서 《일본서기》에 대한 사료 비판을 통해서 스에마쓰와는 정 반대로 '임나를 경영한 것은 왜가 아니라 백제였으며, 백제와 왜의 관계는 백제는 선진문물을 제공하고 왜는 군사원조를 제공하는 특수한 용병관계에 있었'다는 사실을 밝혀냈다. 한국에서는 유일하게 체계적으로 스에마쓰의 임나일본부설을 반박했다고 할 수 있다.

이런 결과를 10여 년간 고려대학교 교양과정에서 강의하다가 근래 임나 문제가 한일 역사분쟁의 핵심으로 떠오르자 일반 대중들도 그 실상을 알 필요가 있다는 생각에서 2010년 위 연구 결과를 대중들도 읽을 수 있게 쉽게 풀어서 《임나일본부설은 허구인가》라는 제목으로 엄선된 책만을 출판하기로 정평이 나 있는 창작과 비평사에서 출판했다.

나의 스에마쓰 임나일본부설에 대한 반론은 학계에서도 인정받아 한일역사분쟁을 해결하기 위한 제1기 한일역사공동위원회(2002~2005) 한국 측 위원으로 위촉되어 '임나' 문제에 대해서 일본측 파트너인 도쿄대학교의 사토 마코토(佐藤誠) 교수와 한국을 대표하여 치열한 논쟁을 벌이기도 했다.(《임나일본부설은 허구인가》133쪽)

《임나일본부설은 허구인가》는 대중용이기는 하지만 한일 간 역사분쟁의 핵심이 되는 문제이므로 그 신뢰성을 높이기 위해서 스에마쓰가 임나일본부설의 근거로 삼았던 《일본서기》의 관계 기사들을 하나하나 제시하면서 그 사료에 대한 검증을 통해서 스에마쓰설의 모순점을 하나하나 비판하는 형식을 취했다. 그 결과 "스에마쓰가 근거로 삼는 《일본서기》에 의하는 한 적어도 야마토 정권(왜)이 임나를 근거지로 백제와 신라를 간접 지배했다는 설은 성립될 수 없을 것이다"(133쪽)라는 점을 논증했다. 스에마쓰가 근거로 삼는 《일본서기》에 대한 사료 비판을 통해서 거꾸로 "고대에 야마토 정권이 약 200년 간 임나를 직접 지배하고 백제와 신라를 간접 지배했다"는 스에마쓰의 주장과는 정 반대되는 결론을 도출한 것이다.

'야마토 정권이 임나를 직접 지배했다'는 스에마쓰의 주장에 대해서는 먼저 왜의 야마토 정권이 한반도 남부를 지배하기 위해서 설치했다는 '임나일본부'라는 기구는 "'임나일본부'라는 명칭 중 '일본'(日本)이라는 표현은 7세기 후반에 생겨난 말로 543년에는 아직 생겨나지도 않았었다. …(중략)… 543년 당시의 명칭은 '임나○○부'가 아니었을까 추측해볼 수 있다. …(중략)… '임나○○부' 또한 당연히 백제의 기관이어야 한다"(93쪽)라고 하여 야마토 정권이 설치했다는 '임나일본부'라는 기구 자체의 존재를 부정하고 있다.

그리고 '임나를 경영한 것은 야마토 정권이 아니라 백제였다는 점뿐만 아니라 백제의 임나 경영이 《일본서기》를 편찬하는 과정에서 야마토 정권의 임나 경영으로 개변되는 과정까지도 다음과 같이 상세히 밝히고 있다.

목라근자(木羅斤資)가 369년 가야 7국을 평정하고 382년 임나(고령가야, 대가야)를 구원함으로써 백제의 임나 경영이 시작되었다. 그 후 백제의 임나 경영은 목라근자의 아들 목만치(木滿致)를 비롯하여 목군유비기(木君有非岐), 목군윤귀(木君尹貴) 등 주로 목씨 일족에 의해 이루어졌다. 그러나 임나 경영의 토대를 만든 목라근자의 아들 목만치가 475년 고구려 장수왕의 공격으로 수도 한성이 함락되자 구원을 청하러 도일하였다가 '소가(蘇我)'에 정착하게 된다. 그가 바로 100여 년간 야마토 정권의 실권을 장악했던 소가씨의 조상 소가만지(蘇我

滿智)이다.

그런데 신라가 한반도를 통일하자 일본과 신라 간에는 대립이 심화되고 일본에서는 한반도 각국을 일본에 조공을 바치던 나라로 취급하는 번국(蕃國)사상이 유행하게 된다. 따라서 소가만지의 자손들은 자기들의 정당성을 확보하기 위해 조상인 소가만지가 원래부터 왜인이었음을 주장하게 된다. 그 결과 각 씨족들이 제출한 자료를 근거로《일본서기》를 편찬하는 과정에서 소가만지의 부 목라근자를 비롯한 목씨 일족들이 백제의 장군으로서 수행한 임나 경영이 일본천황의 명에 의해서 이루어진 것처럼 되어버린 것이다.

백제의 임나 경영이 절정에 달했던 6세기 백제는 일본 호족의 자제로 백제에 와서 관료로 일하던 인물들의 일부를 임나지역에 배치했다. 이는 당시 임나지역에서는 대립하고 있었지만 대고구려전에서는 동맹관계에 있던 신라와의 직접적인 충돌을 피하기 위해서였다. 그러나 그들이 임나지역에 들어가서 활약하게 된 유래를 알지 못하던 《일본서기》의 편자는 '백제삼서' 등 백제 측 자료에 보이는 그들이 일본의 씨와 성을 가지고 있으므로 그들을 야마토 정권에서 파견한 인물들로 오해하여 그들이 소속되었던 백제의 '임나○○부', 그들이 활동하던 백제의 '임나○○현읍'에 그 성격을 분명히 하기 위해 7세기 후반에야 생겨난 '일본'이라는 말을 써넣음으로써 가공의 '임나일본부'나 '임나일본현읍'이라는 것이 생겨났고, 그 '일본'이라는 표현 때문에 후대에 그들이 마치 야마토 정권의 현지 기관이나 직할령인 것처럼 인식되기 시작한 것이다.

결국 《일본서기》에 야마토 정권이 한반도 남부를 지배한 것처럼 되어버린 것은 《일본서기》 편자의 관계 자료에 대한 오해에서 비롯된 것이라고 할 수 있다. 이러한 역사의 오해가 천여 년의 세월이 흐른 뒤 임진왜란이나 한일강제병합이라는 한일 양국 간 불행의 씨앗이 되고 말았다. 그리고 한일관계 내지는 하나의 공동체를 향해 나아가고 있는 동아시아 세계에 있어 최대의 걸림돌로 작용하며 여전히 그 불씨가 꺼지지 않고 있다.

이 책이 한일 간에 역사의 오해를 불식시켜 한일관계, 나아가서는 동아시아 세계가 하나의 공동체를 이루는 데 자그마한 초석이라도 되었으면 하는 마음 간절하다.(197~198쪽)

스에마쓰의 야마토 정권이 백제와 신라를 간접 지배했다는 주장에 대해서는 백제와 야마토 정권과의 관계가 지배·복속 관계가 아니라 선진문물을 제공하고 군원을 받는 특수한 용병관계였음을 다음과 같이 밝히고 있다.

한편 백제의 군원 요청에 대해 야마토 정권은 9회에 걸쳐 원군이나 말, 배, 활과 화살, 식량 등의 군원을 제공하고 있다. 그리고 9회에 걸친 야마토 정권의 군원에 대해 백제는 …(중략)… 마찬가지로 9회에 걸쳐 오경박사를 중심으로 학자나 전문지식인, 승려·불경·깃발 등 불교 관련 문물을 보내고 있다. …(중략)… 당시 두 나라의 관계를 보면, 백제는 야마토 정권에 선진문물을 제공하고 야마토 정권은 백제에 군원을 제공하는 관계였다고 할 수 있다. 따라서 무엇인가 대가를 받고 보낸 원군을 넓은 의미에서 용병이라고 할 수 있다면 …(중략)… 당시 야마토 정권과 백제와의 관계는 넓은 의미에서 용병관계였다고 정의할 수 있을 것이다.(143~144쪽) …(중략)… 당시 야마토 정권이 백제에 제공한 군사의 규모가 500명에서 1000명을 넘지 않았다면 그 규모면에서도 야마토 정권이 한반도에서 주체적으로 독자적인 작전을 수행하기는 어려웠다고 생각한다.(147쪽)

《임나일본부설은 허구인가》는 난삽한 《일본서기》에 대한 사료 비판의 어려움 때문에 '임나일본부설'에 대한 연구의 불모지였던 한국 학계에서 스에마쓰의 임나일본부설을 객관적이고 논리적으로 반격한 유일한 저서라고 할 수 있다. 당연히 학계에서는 한일 간 역사분쟁에서 스에마쓰설을 압도하는 큰 공적을 남긴 역작으로 평가 받고 있다. 나는 한국 정부가 《임나일본부설은 허구인가》에 대해서 훈장이라도 주어야 한다고 생각해 왔다.

야누스의 두 얼굴

스에마쓰의 임나일본부설을 능가하는 주장을 하고 심지어 자신이 쓴 책에서 한반도 지도 서남부에 '왜(倭)'라는 세력을 표기하고 있는 이덕일이 갑자기 2014년 창립한 '식민사학 해체 국민운동본부'의 '학술위원장'이라는 직함을 가지고 식민사관을 해체하는 역사학자 행세를 하면서 기존 역사학계를 식민사학이라고 매도하기 시작했다.

그는 '하버드대 한국고대사 프로젝트'로 불리는 동북아역사재단이 미국 하버드대학 한국학연구소에 10억 원을 지원해 발행한 6권의 영문책자를 "조선총독부 식민사관에 토대를 두고 있다"고 비판하고(주간경향, 2014년 8월 6일), 약 50억 원이 투입되어 동북아역사재단이 연구팀을 구성해 2008년부터 2015년까지 작업한 동북아역사지도('동북아 고대역사지도 사업'으로 불린다)를 폐기시키는 데 앞장서면서 사이비 역사학자의 대표적인 존재로 알려졌다.

사이비 역사학이 표면적인 명분으로 내세우는 것은 '민족주의'와 '반식민사학'이다. 이덕일의 저서 《우리 안의 식민사관》과 또 다른 저서 《賣國歷史學》(만권당, 2015)의 제목에서도 알 수 있듯이 마치 자신이 식민사관을 해체하는 대단한 애국투사라도 되는 양 행세하기 시작한 것이다.

이덕일은 2014년에 출판한 《우리 안의 식민사관》에서 스에마 쓰의 임나일본부설을 반박한 유일한 책이라고 할 수 있는 나의 《임나일본부설은 허구인가》에 대하여 책 어디에도 없는 아래와 같은 허위사실을 날조하여 나를 식민사학자로 매도했다.

내용	페이지
근래 노골적으로 임나일본부가 한반도 남부를 지배했다고 '주장'하고 있는 고려대 역사교육과 교수 김현구에 대해 언급하겠다.	213
임나일본부설이 사실이라는 김현구	337
김현구는 … 최근 《임나일본부설은 허구인가》라는 책에서 임나일본부가 실제로 한반도 남부를 지배했다고 '쓴' 인물이다.	338
임나가 실제 한반도 남부를 지배했다고 '설명'했다.	339

이덕일은 《임나일본부설은 허구인가》에 백제뿐만 아니라 삼국 까지도 왜의 속국이라고 서술되어 있다고 아래와 같이 주장했다.

내용	페이지
임나일본부를 지배한 것은 백제인데, 그 백제를 지배한 것은 야마토 정권이라는 것이다.	341
김현구는 백제를 야마토 조정의 속국이라고 주장한다. 야마토 조정이 백제를 통해 한반도 남부를 통치했다는 것이다.	345
《일본서기》는 주갑제를 알아야 연대를 측정할 수 있는 사서인데, 그런 사서를 김현구는 사실로 모두 받아들이면서 고대 한국이 일본의 식민지였다고 주장하고 있는 것이다.	351

한걸음 더 나아가서 《임나일본부설은 허구인가》가 스에마쓰와 《일본서기》를 비판하지 않고 있다고 다음과 같이 주장한다.

내용	페이지
스에마쓰 야스카즈의 임나일본부설을 비판하지 않고 있다.	339
《일본서기》를 사실로 전제하고 논리를 펼치는 것이다. … 김현구는 《일본서기》의 시각으로 한일 고대사를 본다.	341
김현구는 스에마쓰나 쓰다가 그랬던 것처럼 '《일본서기》에 의거'해서 논리를 전개한다.	343
아마 일본에도 김현구만큼 《일본서기》 기사를 철저하게 사실로 받아들이는 학자를 찾기는 쉽지 않을 것이다.	350

그리고 위와 같은 허위사실을 근거로 다음과 같이 매도했다.

내용	페이지
김현구 같은 매국·매사의 논리	347
김현구는 …일본 유학만 갔다 오면 친일을 넘어서 매국까지 나아가는 신기한 행태를 반복하고 있다.	352
외형은 한국인이지만 내면은 일본인인 한국 국적의 김현구	344
한국의 역사를 팔아서 학위를 얻은 김현구 씨의 소행을 구한말의 이완용 일파의 매국 행위에 비유하는 것은 지나친 비유일까? 역사관을 팔아먹은 자는 곧 영혼을 팔아먹은 자이다. 역사를 팔아먹은 자는 여차하면 강토도 팔아먹게 되어 있다.	352, 353
살아 있는 친일파 김현구	353
김현구 같은 매국·매사 인물이 대학 내에서, 대선배 교수를 상대로 '이론이 다른 학자 죽이기'를 자행…	353

역사학에서 논쟁이라고 하는 것은 사용된 사료의 진위나 사료의 해석에 대한 쟁론이라고 할 수 있다. 그런데 역사학자 행세를 하고 있는 이덕일은 《우리 안의 식민사관》과 《賣國歷史學》에서 사료의 진위나 해석에 대한 합리적인 비판도 없이 기존 한국 사학계의 중추를 극단적인 언어를 동원하여 일방적으로 매도했다. 그 일환으로 스에마쓰의 임나일본부설을 학문적으로 반박한 《임나일

본부설은 허구인가》에 대해서까지 허위사실을 날조하여 극언으로 매도한 것이다.

《임나일본부설은 허구인가》는 처음부터 끝까지 스에마쓰가 근거로 삼고 있는 《일본서기》의 관계 기사를 하나하나 제시하면서 조목조목 비판하여 스에마쓰와는 정 반대 결론을 내리고 있다. 정상적인 사람이라면 어떻게 스에마쓰와 《일본서기》를 비판하지 않고 있다고 하는지 이해할 수 없다. 독해능력이 없는 것이 아니라면, 나를 미리 식민사학자로 몰아가기로 작정한 것이 틀림없다.

과거 고려대학교에는 한국사를 강의하시던 신석호 선생이 계셨다. 내가 고려대학교에 다닐 때 신석호 선생은 이미 퇴직하셔서 고려대학교에는 재직하지 않으셨다. 그런데 이덕일은 "조선사편수회 출신의 신석호가 키운 고려대 사학과 출신의 김현구는 21세기 대한민국에서 조선사편수회보다 더한 논리를 전파하고 있다"(345쪽)라고 하여 나를 '조선사편수회 출신의 신석호가 키운' 것으로 주장하며 《임나일본부설은 허구인가》와 직접 관계도 없는 사실까지 날조하여 조선사편수회나 식민사학과 연결하려 했다. 이덕일의 목적은 학문적인 비판이 아니라 식민사학자를 만들어내는 데 있음을 잘 보여준다. 명색이 학문적인 비판을 한다면서 학문적인 논쟁과는 아무 관계도 없는 앞대의 선생을 끌어들이며 더욱이 허위사실까지 날조하여 식민사학자를 생산하려는 의도가 무엇이겠는가?

스에마쓰의 임나일본부설을 능가하는 주장을 하고 심지어 한반도 지도 서남부에 왜를 버젓이 그려 넣고 있는 식민사학의 앞잡이*가 오히려 임나일본부설을 극복하기 위해서 30여 년간 정진해 온 한 학자를 '역사관을 팔아먹은 자는 곧 영혼을 팔아먹은 자이다. 역사를 팔아먹은 자는 여차하면 강토도 팔아먹게 되어 있다', '살아 있는 친일파', '김현구 같은 매국·매사의 논리'라고 매도하고 있다. 일제 강점기 만주에서 독립운동을 하던 독립투사들이 귀국해서 보니 독립투사들을 잡아들이면서 일제의 앞잡이 노릇을 하던 고등계 형사가 광복 후에도 경찰 간부가 되어 오히려 독립투사들을 핍박하던 광복 직후의 사태가 21세기 대한민국에서 벌어지고 있는 셈이다.

스에마쓰의 앞잡이가 오히려 스에마쓰의 임나일본부설을 극복하는 데 평생을 받쳐온 한 학자를 식민사학자로 만들고 있는 것

---

* 〈신공기〉 49년조 가야 7국 평정과 〈광개토왕릉비문〉에 보이는 신라와 백제를 신민으로 삼았다는 신묘년조의 주체를 왜라고 주장하고 있고, 《송서》에 보이는 한반도 남부에 대한 왜 5왕의 군사권 주장을 역사적 사실로 인정하고 있으며, 나아가 한반도 지도 서남부에 왜(倭)라는 세력을 표기하는 등 일본학자들이 주장하고 있는 식민사관의 표상인 '임나일본부설'을 능가하는 주장을 하고 있으므로 '식민사학의 앞잡이'라고 표현한 것이다. 뒤에서도 이런 의미로 '식민사학의 앞잡이'라는 표현을 쓴다.

이다. 일제 강점기도 아니고 21세기 대한민국에서 이런 일이 벌어지고 있다는 사실이 믿어지지 않는다. 이런 자를 좌시한다면 대한민국은 정상적인 국가라고 할 수 없을 것이다.

학위는 아무나 받을 수 있는 것인가?

여기저기서 상반된 주장을 하고 있는 이덕일

이덕일은 도처에서 《일본서기》는 신뢰할 수 없는 책이므로 《삼국사기》와 《일본서기》가 상충될 때에는 《삼국사기》를 채택해야 한다고 주장했다.(2014년 마포경찰서 제출 준비서면, 9쪽) 나를 식민사학자로 매도하는 주요 근거도 나의 주장이 《일본서기》에 의거한다는 점을 들고 있다.

- 김현구는 스에마쓰나 쓰다가 그랬던 것처럼 '《일본서기》에 의거'해서 논리를 전개한다."(343쪽)
- 아마 일본에도 김현구만큼 《일본서기》 기사를 철저하게 사실로 받아들이는 학자를 찾기는 쉽지 않을 것이다.

이덕일은 "식민사학자라고 비판받는 역사학자들 이외에 한국 학자들 중에서 임나의 위치를 가야의 그것으로 비정하는 학자는 없다고 해도 과언이 아닙니다"(2016년 12월 12일, 상고이유 답변서 제 24쪽)라고 하여 임나를 가야의 일국으로 비정하는 한국 사학계를 식민사학자들로 매도했다. 그 근거로는 "숭신 65년 가을 7월, 임나 국이 소나갈질지(蘇那曷叱知)를 보내 조공했다. '임나'는 축자국(筑 紫國, 현재의 후쿠오카)에서 2천 여 리 떨어진 거리에 있다. 북쪽은 바다로 막혀 있고 계림(鷄林)의 서남쪽에 있다"라는《일본서기》를 들고 있다. 연대로는 기원전에 해당하고 아직 '임나'가 존재하지도 않던《일본서기》숭신천황 65년 조를 근거로 "신라의 서남쪽에 있 는 곳이 어디겠습니까? 바로 대마도입니다"라고 주장하고 있는 것 이다.

그러나 이덕일이 신봉하는《삼국사기》강수전(强首傳)에는 "신 은 본래 '임나가라' 사람입니다(臣本任那加良人)"라고 기록되어 있 고, 414년에 세운 〈광개토왕릉비문〉 400년 조에는 "대왕은 보병 과 기병 5만을 파견하여 신라를 구원케 하였다. …(중략)… 관군이 바야흐로 이르자 왜적이 물러가므로, 뒤를 타고 급히 추격하여 '임나가라'의 종발성에 이르렀다"라고 기재되어 있으며, 924년(경명 왕 8)에 신라 경명왕의 명으로 세워진 진경대사탑비(眞鏡大師塔碑) 에도 "그 선조는 '임나' 왕족이고 …(중략)… 원조는 흥무대왕(興武 大王, 김유신의 추봉호칭. 금관가야의 후예)"이라고 되어 있어서 '임나' 가 여러 가야 중의 하나임을 알 수 있다. 대부분의 사전에도 '임나'

는 가야의 하나로 되어 있다. 이처럼 임나가 가야의 일국이었음은 《삼국사기》뿐만 아니라 임나가 존재할 당시의 기록이고 금석문인 〈광개토왕릉비문〉에도 등장하는 명명백백한 사실이다.

그럼에도 불구하고 이덕일은 임나의 위치에 대해서는 《삼국사기》가 아니라 《일본서기》를 근거로 "식민사학자라고 비판받는 역사학자들 이외에 한국 학자들 중에서 임나의 위치를 가야의 그것으로 비정하는 학자는 없다고 해도 과언이 아닙니다"라고 하여 임나가 한반도 남부에 있었다고 말하는 한국 사학계를 식민사학으로 매도하고 있다.

《삼국사기》와 《일본서기》가 상충될 때에는 《삼국사기》를 채택해야 한다고 주장하던 이덕일이 입장을 바꿔서 이번에는 《일본서기》를 근거로 임나를 대마도라고 주장하는 것은 임나를 한반도 남부에 비정하는 한국 사학계를 식민사학으로 매도하기 위한 목적이라고 밖에는 생각되지 않는다. 그의 목적은 오로지 한국 사학계를 식민사학으로 매도하는 데 있음을 보여주고 있다.

이덕일은 2000년에 출판한 《고구려 700년의 수수께끼》에서는 "(고구려가)… 5만의 대병력을 동원한 서기 400년의 남정은 임나가라(任那加羅, 오늘의 경상도 고령), 즉 가야성까지 빼앗을 정도로 성과를 거두었으나…"(48쪽 2~3행)라고 하여 '임나가 한반도에 있었고', '임나=가야'라고 기술하고 있다.

그러나 마포경찰서에 제출한 준비서면 93쪽에서는 《일본서기》를 근거로 임나가 '대마도'에 있었다고 주장한다. 그리고 "식민사학자라고 비판받는 역사학자들 이외에 한국 학자들 중에서 '임나'의 위치를 가야의 그것으로 비정하는 학자는 없다"고 하여 임나를 한반도 남부에 있었다는 한국 역사학계를 식민사학으로 매도했다.

이처럼 입장을 바꿔가며 모순된 주장을 하는 것을 보면 임나를 대마도라고 주장한 것도 결국 임나를 한반도 남부에 비정하는 한국 사학계를 식민사학자로 매도하기 위한 목적이 아니겠는가.

이덕일은 《우리 안의 식민사관》 338쪽에서는 "(김현구는)… 임나일본부가 실제로 한반도 남부를 지배했다고 쓴 인물이다"라고 하여 김현구가 왜('임나일본부'를 왜의 의미로 사용하고 있다)가 임나를 지배했다고 '쓴' 것으로 하면서, 341쪽에서는 "(김현구는) …임나일본부를 지배한 것은 백제인데"라고 하여 이번에는 김현구가 임나('임나일본부'를 임나의 의미로 사용하고 있다)를 지배한 것이 백제였다고 주장한 것으로 하고 있으니 이게 정상적인 사람이 할 수 있는 일인지 묻고 싶다.

식민사학의 앞잡이가 입장을 바꿔가면서 근거도 되지 않는 근거를 앞세워 한국 사학계를 식민사학으로 매도하는 저의는 무엇인가?

기본적인 용어의 개념도 모르면서 남을 비판하는 이덕일

이덕일은 역사학으로 박사학위를 받았다고 알려져 있다. 그리고 100여 권의 저서가 있다고 한다.

그런데 이덕일은 지역의 명칭인 '임나'를 통치의 주체로 하여 "김현구가 임나가 실제 한반도 남부를 지배했다고 '설명'했다"(339쪽)고 한다든가 통치 기구를 뜻하는 '임나일본부'를 통치의 주체로 하여 "근래 노골적으로 임나일본부가 한반도 남부를 지배했다고 '주장'하고 있는 고려대 역사교육과 교수 김현구"(213쪽)라고 서술했다. 또 '조정'을 국가와 동일시하여 "김현구는 백제를 야마토 조정의 속국이라고 '주장'한다"(345쪽)든가, 통치기구인 '임나일본부'를 통치의 대상으로 하여 "임나일본부를 지배한 것은 백제인데, 그 백제를 지배한 것은 야마토 정권이라는 것이다"(341쪽)라고 《우리 안의 식민사관》에서 서술하고 있다. 더욱 놀라운 사실은 성립될 수도 없는 이런 표현을 김현구가 '주장'하고 '설명'했다고 뒤집어 씌우고 있다는 것이다. 이덕일에 의해 김현구가 졸지에 '임나'나 '임나일본부', '조정' 등 임나 문제에 대한 기본적인 용어의 개념도 모르는 사람이 되어버린 것이다.

'임나'는 지역명이므로 "임나가 어디를 지배했다"는 표현은 있을 수 없고, '임나일본부'는 통치기구이므로 "임나일본부가 지배했다"든가 "임나일본부를 지배했다"는 표현 또한 잘못된 것이며,

'조정'은 국가가 아니므로 "야마토 조정의 속국"이라는 말은 그 표현 자체가 코미디이다.

스에마쓰의 앞잡이 이덕일의 저서와 김현구의 저서 비교

스에마쓰 등 일본 학자들은 고대에 왜가 한반도 남부를 약 200년간 지배했다는 임나일본부설의 주요 근거로 세 가지를 들고 있다. 《일본서기》신공황후 49년(369년)조로 왜가 가야 7국을 평정하고 백제와 신라를 속국으로 삼았다는 내용과 이것을 뒷받침하는 한국 측 자료로는 〈광개토왕릉비문〉 400년조와 404년조로 왜가 고구려와 싸웠다는 기록, 제 3국의 자료로는 중국 《송서》 왜국전에서 왜 5왕이 왜·백제·신라·임나·진한·모한 육국의 군사권을 자칭하였다는 내용이다. 이 세 가지에 대해서 이덕일의 저서 《고구려 700년의 수수께끼》 등과 이덕일이 스에마쓰설을 추종한다고 매도한 김현구의 《임나일본부설은 허구인가》를 비교해 보면 아연 실색하지 않을 수 없다.

이덕일은 일본 학자들이 고대에 왜가 한반도 남부를 200여 년간 지배하기 시작한 증거로 내세우는 '왜가 가야 7국을 평정하고 백제와 신라를 속국으로 만들었다'는 《일본서기》 신공황후 49년(369)조 기사를 "왜가 수행한 군사정복일 가능성이 있다"고 인정하고 있다. 이 내용을 방증하는 한국 측 자료로 내세우는 〈광개토

	이덕일의 《고구려 700년의 수수께끼》 등의 내용
가야 7국 평정의 주체	"한반도 내의 왜로 추정되는 정치세력은 《일본서기》 신공 49년(369)에도 보이는데, 백제 근초고왕과 함께 가야 7국과 마한 잔존 세력을 정복한 사건도 한반도 내의 왜가 수행한 군사정복일 가능성이 있다."(이덕일·이희근, 《우리 역사의 수수께끼 1》 23쪽 4~7행)
〈광개토왕릉비문〉에 보이는 왜가 포함된 연합군의 작전 주체	"광개토대왕이 남하정책을 강행하자 백제와 왜, 그리고 가야는 서로 연합하여 대항했는데…"(《고구려 700년의 수수께끼》 40쪽 19~20행), "그 후 영락 14년(404년) 왜는 백제와 연합해 고구려의 대방(帶方) 지역을 침입한다"(위 책, 42쪽 3~4행)라고 하여 고구려까지 올라가서 싸운 주체가 왜라고 인정하고 있다.
왜와 백제, 신라와의 관계	"《삼국사기》 백제본기 아신왕 6년(397)에 '왕이 왜국과 우호 관계를 맺고 태자 전지를 인질로 보냈다'는 기사 내용과 신라본기 실성왕 1년(401) 3월에 '왜국과 우호 관계를 맺고, 내물왕의 아들 미사흔을 인질로 보냈다'는 기사는 당시 왜가 백제와 신라를 자신의 영향력 아래 두었던 강력한 정치집단임을 보여주는 것이다."(《우리 역사의 수수께끼 1》 22쪽 8~12행), "한반도에 있었던 왜는 백제와 신라를 영향력 아래 두고 고구려의 남하정책에 맞서 싸웠던 강력한 정치집단이었다."(위 책 22쪽 13~14행)

"가야 7국 평정 이하의 기록은 야마토 정권과는 전혀 무관한 백제의 이야기라고 할
수 있다. 야마토 정권이 가야 7국 평정 이하의 작전 주체가 될 수 없다는 것은 군대의
집결지를 보더라도 알 수 있다."(50쪽 12∼15행)

"〈광개토왕릉비문〉에 고구려와 싸운 것으로 나오는 왜가 실은 백제·왜·가야 3국
연합군이고 그 주체는 백제이며 왜는 백제가 선진문물을 제공하고 끌어들인
존재"(167쪽 16∼18행)

"당시 두 나라의 관계를 보면, 백제는 야마토 정권에 선진문물을 제공하고 야마토
정권은 백제에 군원을 제공하는 관계였다고 할 수 있다. 따라서 무엇인가 대가를 받고
보낸 원군을 넓은 의미에서 용병이라고 할 수 있다면…(중략)…당시 야마토 정권과
백제와의 관계는 넓은 의미에서 용병관계였다고 정의할 수 있을 것이다.(144쪽)"
"《삼국사기》에 보이는 왜는 …그러나 대부분 친백제적이고 반신라적이다….
〈광개토왕릉비문〉에서 왜가 백제를 도와 신라·고구려와 싸우는 모습과도 모순되지
않는다."(169쪽 9∼13행)

다음페이지로 이어짐 ▶

《송서》 왜국전과 왜 5왕의 주장	"왜는 과거에 한반도에서 차지했던 위상을 근거로 한반도 남부의 연고권을 주장했다. 중국 《송서(宋書)》에 따르면 왜왕(倭王)은 남송(南宋: 420~479)에게 보낸 외교문서에서 스스로 '도독 왜·백제· 신라·임나·진한·모한육국제군사(都 督倭百濟新羅任那秦韓慕韓六國諸軍事)'라 칭하였다."(《우리 역사의 수수께끼 1》 27쪽 5~10행), "남송은 비록 형식적이지만 왜왕에게 '도독 왜·신라·임나·가라·진한·모한육국제군사'라는 작호(爵號)를 내려 주어 한반도에서 지녔던 과거의 위상을 인정해주었다… 왜는 형식적이나마 고구려를 제외한 한반도 남부의 주도권을 주장할 수 있었다."(위 책 27쪽 12~15행)
임나와 왜	"고구려군에 쫓긴 왜군이 도망간 지역이 임나가라인 점은 임나일본부와 관련해 흥미 있는 대목이다. 이 당시 임나가라는 왜의 강력한 영향력 아래 있음을 시사해주기 때문이다."(《고구려 700년의 수수께끼》 107~108쪽)

왕릉비문〉 중 왜가 고구려의 대방계(황해도)까지 올라가서 고구려 와 싸웠다는 기록도 "영락 14년(404년) 왜는 백제와 연합해 고구려 의 대방(帶方) 지역을 침입했다"고 역사적 사실로 인정한다. 중국 측 자료로 내세우는 왜 5왕이 중국에 가서 자칭하고 중국이 인정 해 주었다는 '왜·신라·임나·가라·진한·모한 등 6국에 대한 군사

"과거 백제를 지원했던 사실을 두고 한 세대쯤 시간이 지나자 왜를 주체로 인식하기 시작한 것이다. 따라서 438년 진 이래 왜 5왕의 한반도 남부에 대한 제군사권 자칭은 왜가 대고구려전에서 백제를 지원한 사실을 세월이 흐름에 따라 왜를 주체로 인식한 결과에 지나지 않는다고 생각한다. 전쟁이라는 것은 시간이 흐르면 자기를 중심으로 하는 무용담으로 바뀌기 마련이기 때문이다."(177쪽 18행~178쪽 3행)

"야마토 정권의 한반도 남부 경영의 근간이 되는 내용 가운데 한둘이 아니라 모두가 백제의 임나 경영을 보여주고 있다는 사실은 결코 우연일 수 없다."(83쪽), "《일본서기》에 야마토 정권이 임나를 경영한 것처럼 되어 있는 내용의 원형이 무엇이었는가를 밝히다보니 사실은 백제의 이야기였다는 결론에 이르게 되었다."(95쪽)

권'에 대해서도 "남송은 비록 형식적이지만 왜왕에게 '도독 왜·신라·임나·가라·진한·모한 육국제군사'라는 작호(爵號)를 내려주어 한반도에서 지녔던 과거의 위상을 인정해주었다…. 왜는 형식적이나마 고구려를 제외한 한반도 남부의 주도권을 주장할 수 있었다"고 인정해주고 있다.

그리고 "《삼국사기》 백제본기 아신왕 6년(397)에 '왕이 왜국과 우호 관계를 맺고 태자 전지를 인질로 보냈다'는 기사 내용과 신라본기 실성왕 1년(401) 3월에 '왜국과 우호 관계를 맺고, 내물왕의 아들 미사흔을 인질로 보냈다'는 기사는 당시 왜가 백제와 신라를 자신의 영향력 아래 두었던 강력한 정치집단임을 보여주는 것이다", "한반도에 있었던 왜는 백제와 신라를 영향력 아래 두고 고구려의 남하정책에 맞서 싸웠던 강력한 정치집단이었다", "고구려군에 쫓긴 왜군이 도망간 지역이 임나가라인 점은 임나일본부와 관련해 흥미 있는 대목이다. 이 당시 임나가라는 왜의 강력한 영향력 아래 있음을 시사해 주기 때문이다"라고 하여 왜가 고대에 임나를 직접 지배하고 백제와 신라를 간접 지배했다는 스에마쓰의 임나일본부설을 능가하는 주장을 하고 있다.

이런 식민사학의 앞잡이가 사료 비판을 통해서 《일본서기》 신공황후 49년(369)조 가야 7국을 평정하는 내용은 백제의 이야기이고, 〈광개토왕릉비문〉에 고구려와 싸운 것으로 나오는 왜는 백제가 선진문물을 제공하고 끌어들인 용병에 불과하며, 《송서》에 보이는 왜 5왕의 한반도 남부에 대한 군사권 주장은 과거 백제를 지원했던 사실을 시간이 지남에 따라 왜를 주체로 인식하기 시작한 결과이고, 임나를 지배한 것은 야마토 정권이 아니라 백제였다고 밝힌 나를 스에마쓰설을 추종하는 식민사학자로 매도하고 있는 것이다. 정상적인 사람이 하는 짓이라고는 도저히 믿어지지 않는다.

박사학위의 가치를 떨어뜨린 이덕일

역사학은 사료를 다루는 학문이다. 사료에 대한 객관적이고 합리적인 비판과 해석이 생명이다. 그런데 이곳에서 하는 주장과 저곳에서 하는 주장이 다르고, 이 책에서 하는 주장과 저 책에서 하는 주장이 다르며, 스에마쓰 식민사학의 앞잡이 노릇이나 하면서 오히려 평생을 스에마쓰 식민사학 극복을 위해서 헌신한 학자를 스에마쓰의 임나일본부설을 추종하는 식민사학자로 매도하고, 기본적이고 상식적인 용어도 이해하지 못하는 이덕일이 역사학으로 박사학위를 받았다니 믿어지지가 않는다. 도대체 어디서 어떻게 박사학위를 받았는지 알 수 없다. 정말 박사학위를 받은 것이 사실이라면 그 박사학위라는 것이 이런 정도 수준으로도 받을 수 있다는 것을 보여주어 그야말로 박사학위의 가치를 엽전 한 닢 어치도 못 되게 만들어버린 꼴이다. 그리고 이런 자가 100권의 책을 냈다니 놀라울 따름이다.

3장

판결문 위에 역사의 기록이 있다

누구나 이해하기 쉬운
〈서울고등검찰청〉의 공소제기

'인용문'을 저자의 '기술'로 하여 불기소결정한 〈서울서부지방검찰청〉

이덕일은 《우리 안의 식민사관》에서 김현구의 《임나일본부설은 허구인가》에 대해 다음과 허위사실을 적시했다.

항목	적시된 허위사실
임나 문제	"김현구는 …최근 《임나일본부설은 허구인가》(2010)라는 책에서 임나일본부가 실제로 한반도 남부를 지배했다고 쓴 인물이다."(338쪽)
백제 문제	"김현구는 백제를 야마토 조정의 속국이라고 주장한다. 야마토 조정이 백제를 통해 한반도 남부를 통치했다는 것이다."(345쪽) "김현구는 …고대 한국이 일본의 식민지였다고 주장하고 있는 것이다."(351쪽)
일본서기	"《일본서기》는 …김현구는 사실로 모두 받아들이면서 고대 한국이 일본의 식민지였다고 주장한다."(351쪽) "아마 일본에서도 김현구만큼 《일본서기》 기사를 철저하게 사실로 받아들이는 학자를 찾기는 쉽지 않을 것이다."(350쪽)
스에마쓰 야스카즈	"김현구는 스에마쓰나 쓰다가 그랬던 것처럼 《일본서기》에 의거해서 논리를 전개한다."(343쪽) "스에마쓰 야스카즈의 임나일본부설을 비판하지 않고 있다."(339쪽)

이를 근거로 나는 '출판물에 의한 명예훼손죄 및 모욕죄'로 2014년 10월 서울 마포경찰서에 다음과 같이 매도한 것에 대해서 고소장을 제출했다.

내용	페이지
외형은 한국인이지만 내면은 일본인인 한국 국적의 김현구	344
김현구 같은 매국·매사의 논리	347
김현구는 …일본 유학만 갔다 오면 친일을 넘어서 매국까지 나아가는 신기한 행태를 반복하고 있다.	352
한국의 역사를 팔아서 학위를 얻은 김현구 씨의 소행을 구한말의 이완용 일파의 매국 행위에 비유하는 것은 지나친 비유일까? 역사관을 팔아먹은 자는 곧 영혼을 팔아먹은 자이다. 역사를 팔아먹은 자는 여차하면 강토도 팔아먹게 되어 있다.	352~353
살아 있는 친일파 김현구	353
김현구 같은 매국·매사 인물이 대학 내에서, 대 선배 교수를 상대로 '이론이 다른 학자 죽이기'를 자행 …	353

식민사학의 극복을 위해서 평생을 받쳐온 한 학자가 식민사학의 앞잡이에 의해서 졸지에 매국노가 돼버린 것은 정상적인 사회에서 있을 수 없는 일이다. 이를 방치한다면 동도후학들이 한국에

서 일본사에 대한 연구를 하는 것은 불가능해진다. 이덕일을 도와주는 세력들이 도처에 있기 때문에 주위에서 이기기 쉽지 않다고 말리기도 했지만, 침묵하는 것은 스스로 식민사학자로 인정하는 것일 뿐만 아니라 학자로서 동도후학에 대한 도리가 아니라고 생각했다. 이덕일의 주장이 허위사실을 날조하여 명예를 훼손한 것이 분명하므로 이덕일이 무죄가 되리라고는 꿈에도 생각하지 못했다. 사건은 서울서부지방검찰청 이지윤 검사에게 배정되었다. 그런데 2015년 4월 30일 서울서부지방검찰청은 "증거 불충분하여 혐의 없다"는 '불기소결정'을 내렸다.

그 내용을 요약하면 아래와 같다.

"피의자는 이와 같은 고소인의 주장이 표면적으로는 백제의 주도적 역할 내지 우월적 지위를 강조한 것처럼 보이지만 고소인이 사용한 일부 일본식 용어, 일본서기를 인용한 빈도, 가야를 임나로 표시한 한반도 지도 사용 등 고소인 저서 곳곳에 나타난 여러 요소를 고려하여 고소인의 주장을 재해석한다면 결국 고대 일본이 한반도 남부를 지배하였다는 주장을 옹호하는 입장으로 해석될 수 있다는 자신의 의견을 피력한 것으로 보인다. … 한편, 고소인은 피의자가 고소인에 대하여 매국 매사의 인물, 친일파 등으로 표현하여 고소인을 모욕하였다는 취지의 주장도 하고 있으나, 위와 같은 표현 역시 고소인의 글에 대한 피의자 나름의 재해석 결과 및 고소인의 입장에 대한 피의자의 이해 정도를 바탕으로 한 우려를 표현한 것으로 사회 상규에 반하는 내용이라고 보기 어렵다"라고 하여 "증거불충분하여 혐의 없다"는 처분을 내렸다.

검사의 불기소결정을 정리하면 이렇다.

①고소인이 사용한 일부 일본식 용어, ②일본서기를 인용한 빈도, ③가야를 임나로 표시한 한반도 지도 사용 등으로 보아 "고대 일본이 한반도 남부를 지배하였다는 주장을 옹호하는 입장으로 해석될 수 있다는 자신의 의견을 피력한 것으로 보"이므로 "구체적 사실을 적시하여 명예를 훼손한 것으로 보기 어렵다"는 것이다. 다시 말하면 ① ② ③ 등으로 보아 "고대 일본이 한반도 남부를 지배하였다는 주장을 옹호하는" 것으로 해석될 수 있다는 '의견'이라는 것이다.

먼저 "고대 일본이 한반도 남부를 지배하였다는 주장을 옹호하는" 것으로 해석될 수 있다는 '의견'의 전제가 되고 있는 ① ② ③은《임나일본부설은 허구인가》의 '기술'이 아니다.

①'일본식 용어'라는 것은 일본 역사를 30여 년 연구한 나 자신도 무엇을 의미하는 것인지 잘 모르겠으나 지문으로 인용된 《일본서기》에 보이는 용어라면 ①'일본식 용어'나 ②'일본서기

를 인용한 빈도', 그리고 ③'가야를 임나로 표시한 한반도 지도 사용'은 모두 지문으로 제시된 인용문이지《임나일본부설은 허구인가》에서 나의 주장이나 '기술'이 아니다.

스에마쓰의 임나일본부설은 삼국을 속국으로 취급하고 있는 《일본서기》를 근거로 하고 있으므로《임나일본부설은 허구인가》는 스에마쓰가 근거로 삼고 있는《일본서기》의 관계 기사를 하나하나 제시하면서 임나일본부설을 반박하는 형식을 취하고 있다. 그런데 스에마쓰설을 비판하기 위해서 제시한《일본서기》의 기사나 지도를 가지고 "고대 일본이 한반도 남부를 지배하였다는 주장을 옹호하는 입장으로 해석될 수 있다"라고 하여 '불기소결정'을 한 것이다.

서울서부지방검찰청이 '불기소결정'의 근거로 삼은 '의견'이라는 것은《임나일본부설은 허구인가》의 '기술'에 대한 '의견'이 아니라《임나일본부설은 허구인가》가 인용한 삼국을 속국으로 취급하고 있는《일본서기》의 기사에 대한 '의견'인 것이다. 따라서 서울서부검찰청의 "고대 일본이 한반도 남부를 지배하였다는 주장을 옹호하는" 것으로 해석될 수 있다는 '의견'은 '허위사실'에 대한 '의견'일 뿐이다.

'의견'이라는 것은 사실에 대한 견해를 의미하는 것이지 날조한 허위사실에 대한 견해를 '의견'이라고 하지는 않는다. 서울서부지방검찰청은 '인용문'과 저자의 '기술'을 구분하지 못하고 있는 것이다. 서울서부검찰청이 《임나일본부설은 허구인가》의 전체 내용은 차치하고 《임나일본부설은 허구인가》의 제4장 '백제의 임나 경영이 어째서 왜의 임나 경영이 되어버렸는가'라는 목차의 제목이나, 책을 요약 정리한 '결론' 부분만 읽어 보았더라도 절대로 이런 결정은 내리지 않았을 것이다.

서울서부지방검찰청의 '불기소결정' 논리에 따른다면 삼국을 속국으로 취급하고 있는 《일본서기》를 지문으로 인용하는 것만으로도 '일본이 한반도 남부를 지배하였다는 주장을 옹호'하는 식민사학자가 되고 만다. 이는 식민사학에 대해 반박을 하지 못하게 재갈을 물리는 것으로 마르크스를 비판하기 위해서 마르크스의 이론을 지문으로 인용한 사람을 마르크스 주의자라고 하는 것과 다르지 않다.

도대체 《일본서기》나 스에마쓰의 주장을 인용하지 않고 어떻게 스에마쓰의 임나일본부설을 반박할 수 있단 말인가? 이를 반길 사람들이 누구겠는가?

서울서부지방검찰청은 이덕일의 《우리 안의 식민사관》이 나에게 가한 모욕(55쪽 표 참고) 대해서도 "고소인은 피의자가 고소인에 대하여 매국 매사의 인물, 친일파 등으로 표현하여 고소인을 모욕하였다는 취지의 주장도 하고 있으나, 위와 같은 표현 역시 고소인의 글에 대한 피의자 나름의 재해석 결과 및 고소인의 입장에 대한 피의자의 이해 정도를 바탕으로 우려를 표현한 것으로 사회상규에 반하는 내용이라고 보기 어렵다"고 하여 "증거불충분하여 혐의 없다"고 한 것도 이해되지 않는다. 이보다 더 큰 모욕이 어디 있으며 이것이 사회상규에 반하지 않는다면 사회상규에 반하는 것은 어떤 것이라는 말인가? 백번을 양보해서 허위사실의 날조가 아니라 학문적인 견해의 차이라고 쳐도 학문적인 견해를 달리한다고 해서 이런 모욕을 하는 경우가 어디에 있다는 말인가?

불기소결정에 대한 항고

나는 2015년 5월 서울 고등검찰청에 항고했다. 사건은 임무영 검사에게 배정되었다. 서울고등검찰청은 직접 공소를 제기했다. 서울고등검찰청의 공소제기 이유는 누구나 이해할 수 있게 간단하고 명료했다. 그 내용을 소개하면 다음과 같다.

> 피해자는 위 책에서 …"일본서기가 임나일본부설을 채택하게 된 경위를 추적한 다음, 일본서기의 기술을 믿는다 하더라도 역사적으로 임나일본부라는 명칭 자체가 성립될 수 없고, 기원 후 369년부터 6세기 초반까지 한반도의 가야 지역은 백제가 목씨 일족을 통해 경영한 것이지 일본이 점령하여 통치한 것이 아니라는 결론을 내렸으

며, 백제와 일본 야마토 정권과의 관계는 정치적으로는 백제의 왕자나 공주가 왜의 천황가와 혼인을 맺고, 고위 관료층간에 인적 교류가 있었으며, 백제의 왕자가 현 천황가의 시조가 되는 등 매우 친밀한 관계였고, 실리적으로는 백제가 선진문물을 전수하면서 그 대가로 왜인을 용병으로 받아들이는 관계였다"는 견해를 밝혔다.

즉 피해자의 견해는 임나일본부라는 명칭을 부정함은 물론, 일본이 고대사의 특정 시기에 가야를 비롯한 한반도 남부 일정 지역을 점령하거나 통치했다는 사실을 일본인이 신봉하는 일본서기의 사료를 이용해 반박하는 내용이었다.

그럼에도 불구하고 피고인은 '우리 안의 식민사관'에서 피해자가 "임나일본부를 지배한 것은 백제인데, 그 백제를 지배한 것은 야마토 정권이다", "백제는 야마토 정권의 속국이고, 야마토 조정이 백제를 통해 한반도 남부를 통치했다", "임나일본부가 한반도 남부를 지배했다", "임나일본부설이 사실이다", "야마토 정권이 신라·고구려로부터 조공을 받는 상국이다"라고 주장하고, "스에마쓰의 논리를 검토한다는 명목으로 스에마쓰의 논리를 받아들이고", "일본서기를 모두 사실로 받아들여 고대 한국이 일본의 식민지였고", "야마토국이 백제의 상국이라는 새로운 논리를 개발"한 사람이라고 표현함으로써 피해자가 스에마쓰설을 비판하지 않았고, 피해자는 일본서기만을 유일한 자료로 신빙하여 일본이 임나를 통해 한반도 남부를 지배했다고 주장하는 등 일본 극우파의 시각에 동조하여 나라를 팔아 먹은 이완용과 같은 매국행위를 했다고 주장했다.

그러나 피해자의 책에는 피고인의 주장과 같은 내용이 들어 있지 않았다. 이로써 피고인은 피해자를 비방할 목적으로, 출판물에 의하여 공연히 허위의 사실을 적시하여 피해자의 명예를 훼손하였다.

《임나일본부설은 허구인가》를 저자인 본인보다도 더 요령 있게 잘 정리했다는 생각이 들었다. 서울서부검찰청이 '일본서기를 이용한 빈도' 등을 문제 삼은 데 대해서 서울고등검찰청은 저자가 "임나일본부라는 명칭을 부정함은 물론, 일본이 고대사의 특정 시기에 가야를 비롯한 한반도 남부 일정 지역을 점령하거나 통치했다는 사실을 일본인이 신봉하는 일본서기의 사료를 이용해 반박"하고 있음을 지적한 것이다. 서울서부검찰청이 《일본서기》에 대한 인용문과 저자의 기술을 구분하지 못하고 있는 데 반해 서울고등검찰청은 《일본서기》에 대한 인용문과 저자의 주장을 명확히 구분하고 있을 뿐만 아니라 오히려 '일본서기'를 이용해 반박하고 있는 점을 지적했다.

서울고등검찰청은 서울서부지방검찰청이 불기소 처분한 사건을 아주 이례적으로 직접 공소 제기했다. 재수사를 명하는 것이 보통인데 직접 공소를 제기하는 것은 아주 이례적이라는 변호사의 설명에 깜짝 놀라 서울고등검찰청의 담당 검사를 인터넷에서 검색해 보았다. 직접 역사에 관한 책을 저술할 정도로 역사에 해박한 지식을 가진 인물이었다. 나의 책《임나일본부설은 허구인가》에 흥미를 가지고 직접 읽어본 것이 틀림없었다. 이런 검사도 있구나 하고 감탄을 했다.

누구나 이해하기 쉬운 1심 판결문

사건은 서울서부지방법원 나상훈 판사에게 배정되었다. 이덕일은 서울1심 재판부 담당 판사와 사법연수원 동기인 법률사무소 큰숲의 윤홍배 변호사를 선임했다. 그 의도가 짐작이 간다.

이번 재판 과정을 통해서 판사들의 판결문 속 한 문장이 너무 길고 난삽하게 쓰여 있어서 일반인들이 이해하기가 쉽지 않다는 사실을 알게 되었다. 평생 저술 활동을 한 나도 한번 읽어서는 잘 이해하지 못해 두 번 세 번을 읽어야 이해가 갈 정도였다. 그런데 1심 판결문은 누구나 이해할 수 있게 간단하고 명료했다.

쟁점 사항에 대한 판결문의 내용을 제시하면 다음과 같다.

판결

사건   2015고단1605 출판물에의한명예훼손

피고인	A
검사	임무영(기소), 임정빈(공판)
변호인	변호사 이민석, 윤홍배
	법무법인 이도
	담당 변호사 박찬종
판결 선고	2016년 2월 5일
주문	피고인을 징역 6월에 처한다. 다만, 이 판결 확정일로부터 2년간 위 형의 집행을 유예한다.

이유

범죄사실

피고인은 역사학자로서 △△역사문화연구소 소장이다. 피고인은 2014. 9. 4.경 "○○ ○○ ○○○○"이라는 책을 집필하여 발간하였다. 위 책에는 피해자 B가 쓴 "□□□□□□ □□□□"라는 저서를 다룬 내용이 있었다.

피해자는 위 책에서 "최초 임나일본부설을 주장한 일본인 스에마쓰 야스카즈의 설의 핵심은 일본이 한반도 남부를 200년간 지배했다는 데 있지 임나일본부라는 기구의 존재나 성격에 있지 않다는 점을 밝히고, 한국 역사학자들이 일본서기의 신빙성을 부정함으로써 일본의 임나일본부설을 반박하면서도 일본서기의 기술 중 한국에 유리한 자료들은 신빙하는 문제점을 지적한 후, 타 사료와의 비교 및 교차검증을 통해 일본서기의 기술 중 신빙성을 인정할 수 있는 부분, 모순점, 허구가 명확한 부분을 정리하고, 일본서기가 임나일본부설을 채택하게 된 경위를 추정한 다음, 일본서기의 기술을 믿는다 하더라도 역사적으로 임나일본부라는 명칭 자체가 존재할 수 없고, 기원 후 369년부터 6세기 초반까지 한반도의 가야 지역은 백제가 목씨 일족을 통해 경영한 것이지 일본이 점령하여 통치한 것이 아니라는 결론을 내렸으며, 백제와 일본 야마토 정권과의 관계는 정치적으로는 백제의 왕자나 공주가 왜의 천황가와 혼인을 맺고, 고위 관료층 간에 인적 교류가 있었으며, 백제의 왕자가 현 천황가의 시조가 되는 등 매우 친밀한 관계였고, 실리적으로는 백제가 선진문물을 전수하면서 그 대가로 왜인을 용병으로 받아들이는 관계였다"는 견해를 밝혔다.

즉, 피해자의 견해는 임나일본부라는 명칭을 부정함은 물론, 일본이 고대사의 특정 시기에 가야를 비롯한 한반도 남부 일정 지역을 점령하거나 통치했다는 사실을 일본인이 신봉하는 일본서기의 사료를 이용해 반박하는 내용이었다.

그럼에도 불구하고 피고인은 "○○ ○○ ○○○○"에서, 피해자가 "□□□□□□ □□□□"에서 ① "임나일본부설이 사실이다", ② "백제는 야마토 조정의 속국·식민지이고, 야마토 조정이 백제를 통해 한반도 남부를 통치했다"고 주장했다고 기술하고, ③

"일본서기를 사실로 믿고, 스에마쓰 야스카즈의 임나일본부설을 비판하지 않고 있다"고 기술하였다.

　그러나 사실은 피해자의 책에는 위에서 본 바와 같이 피고인의 기술과 같은 내용이 들어 있지 않았다.

　한편, 피고인은 "○○ ○○ ○○○○"에서 위와 같은 허위사실을 근거로 피해자가 친일매국행위를 하였다면서 친일·식민사학자로 비난하며, 피해자의 소행을 구한말의 이완용 일파의 매국 행위에 비유하는 것은 지나친 비유가 아니라고 주장하였다.

　이로써, 피고인은 피해자를 비방할 목적으로, 출판물에 의하여 공연히 허위의 사실을 적시하여 피해자의 명예를 훼손하였다.

판단

이 사건에 돌아와 살피건대, 아래에서 보는 바와 같이, [피해자가 피해자 집필 서적에서 판시 ① 내지 ③의 내용을 주장했다]는 부분은 위 법리에 비추어보더라도, 세부에 있어서 진실과 약간 차이가 나거나 다소 과장된 표현이 있는 정도를 넘어서, 중요한 부분이 객관적 사실과 합치되지 않는 명백히 허위인 사실이므로, 피고인 및 변호인의 위 주장은 받아들이지 않는다(위와 같은 사유로 2015. 8. 10. 서울서부지방법원 2014카합553호 출판금지가처분 사건에서 각 그 해당 허위사실에 대하여 출판금지가처분이 내려진 바 있다).

판시 ①

"임나일본부설이 사실이다"라고 주장했다는 부분에 대한 판단.

피고인은 이 사건 서적에서 "임나일본부설이 사실이라는 B"(제 337쪽 제14행), "B는 최근 '□□□□□□ □□□□'라는 책에서 임나일본부가 실제로 한반도 남부를 지배했다고 쓴 인물이다"(제 338쪽 제5~7행)라고 기술하였다.

그러나 피해자는 피해자 집필 서적에서 위와 같이 주장한 사실이 없다.

오히려, 피해자는 아래와 같이 피해자 집필 서적 여러 곳에서 임나일본부설을 비판적으로 검토한 후 결론 부분에서 '임나일본부설'의 주된 근거사료인 일본서기에 오류가 있음을 지적하며 '임나일본부설'을 부정하는 것으로 자신의 주장을 마무리하고 있다.

〈피해자 집필 서적 제83쪽〉

야마토 정권의 한반도 남부 경영의 근간으로 소개된 내용들이 하나같이 야마토 정권에 의한 것이 아니라 백제에 의한 것임이 밝혀졌다. 야마토 정권의 한반도 남부 경영의 근간이 되는 내용 가운데 한 둘이 아니라 모두가 백제의 임나 경영을 보여주고 있다는 사실은 결코 우연일 수 없다.

〈피해자 집필 서적 제86~87쪽〉

…(전략)…라는 내용도 사실은 야마토 정권이 임나에 직할령을 두고 있었다는 증거라기보다는 오히려 백제가 가야 7국을 평정한 뒤 백성들을 이주시켜 살게 한 특수지역이 임나에 존재했음을 보여주는 증거라고 할 수 있다.

〈피해자 집필 서적 제93쪽〉

'임나일본부'라는 표현 중 '일본(日本)'이라는 표현은 7세기 후반에 생겨난 말로 543년에는 아직 생겨나지도 않았었다. '임나○○부' 또한 당연히 백제의 기관이어야 한다.

〈피해자 집필 서적 제198쪽〉

백제의 임나 경영이 절정에 달했던 6세기 백제는 일본 호족의 자제로 백제에 와서 관료로 일하던 인물들의 일부를 임나지역에 배치했다. …(중략)… 그러나 그들이 임나지역에 들어가서 활약하게 된 유래를 잘 알지 못하던 '일본서기'의 편자는 …(중략)… 그들을 야마토 정권에서 파견한 인물들로 오해하여 그들이 소속되었던 백제의 '임나○○부', 그들이 활동하던 백제의 '임나○○현읍'에 그 성격을 분명히 하기 위해 7세기 후반에 생겨난 '일본'이라는 말을 써넣음으로써 가공의 '임나일본부'나 '임나일본현읍'이라는 것이 생겨났고, 그

'일본'이라는 표현 때문에 후대에 그것들이 마치 야마토 정권의 현지 기관이나 직할령인 것처럼 인식되기 시작한 것이다.

결국 '일본서기'에 야마토 정권이 한반도 남부를 지배한 것처럼 되어 버린 것은 '일본서기' 편자의 관계자료에 대한 오해에서 비롯된 것이라고 할 수 있다.

판시 ②

"백제는 야마토 조정의 속국·식민지이고, 야마토 조정이 백제를 통해 한반도 남부를 통치했다"고 주장했다는 부분에 대한 판단.

피고인은 이 사건 서적에서 "임나일본부를 지배한 것은 백제인데, 그 백제를 지배한 것은 야마토 정권이라는 것이다"(제340쪽 제18행, 제341쪽 제1행), "B는 백제를 야마토 조정의 속국이라고 주장한다. 야마토 조정이 백제를 통해 한반도 남부를 통치했다는 것이다"(제345쪽 제4~5행), "일본서기를 B는 사실로 모두 받아들이면서 고대 한국이 일본의 식민지였다고 주장하고 있는 것이다"(제351쪽 제4~6행)라고 기술하였다.

그러나 피해자는 피해자 집필 서적에서 위와 같이 주장한 사실이 없다. 오히려 피해자는 아래와 같이 백제가 고대 일본에게 선진 문물을 제공하고, 대신 고구려 또는 신라와 한반도 통일을 놓고 각축을 벌이는 과정에서 고대 일본의 군대를 용병으로 이용하는 관계였다고 주장하였다. 특히, 피해자는 야마토 정권이 백제에 제공한 군사의 규모(500명에서 1,000명)에 비추어볼 때, 야마토 정권이 한반도에서 주체적으로 독자적인 작전을 수행하기는 어려웠다고 생각하며, 이런 면에서도 야마토 정권이 보낸 군대는 소위 한반도 남부 경영을 위해서라기보다는 백제를 지원하기 위한 군대였다고 보는 것이 타당하다고 주장하였다.

〈피해자 집필 서적 제133쪽〉
따라서 스에마쓰가 근거로 삼는 '일본서기'에 의하는 한 적어도 야마토 정권이 임나를 근거지로 백제와 신라를 간접 지배했다는 설은 성립될 수 없을 것이다.

〈피해자 집필 서적 제144쪽〉
당시 두 나라의 관계를 보면, 백제는 야마토 정권에 선진문물을 제공하고 야마토 정권은 백제에 군원을 제공하는 관계였다고 할 수 있다. …(중략)… 그렇다면 당시 야마토 정권과 백제와의 관계는 넓은 의미에서 용병관계였다고 정의할 수 있을 것이다.

〈피해자 집필 서적 제147~148쪽〉
당시 야마토 정권이 백제에 제공한 군사의 규모가 500명에서 1,000

명을 넘지 않았다면 그 규모 면에서도 야마토 정권이 한반도에서 주체적으로 독자적인 작전을 수행하기는 어려웠다고 생각한다. …(중략)… 이런 면에서도 야마토 정권이 백제에 보낸 군대는 소위 한반도 남부 경영을 위해서라기보다는 백제를 지원하기 위한 군대였다고 보는 것이 타당하지 않을까 싶다.

〈피해자 집필 서적 제148쪽〉

'일본서기' 544년 기록에서 …(중략)… 라는 내용을 보더라도 야마토 정권이 보낸 군대가 백제를 지원하는 성격을 띠고 있었음을 잘 알 수 있다.

〈피해자 집필 서적 제149~151쪽〉

고구려의 주 타깃은 신라보다는 백제였다. 따라서 백제로서는 대고구려전에서 신라와 동맹관계를 유지하기 위해 가능한 한 남방 가야 지역에서 신라와 직접적인 충돌을 피하지 않으면 안 될 처지에 있었다. …(중략)… 당시 백제는 야마토 정권으로부터 지원받은 군사를 임나와 신라의 접경지역에 배치하고 있었다. 그리고 그 지휘관으로는 왜계 백제관료 등을 배치하고 있었다. 신라와의 직접적인 충돌을 피하기 위해서는 …(중략)… 그 수는 많지 않지만 신라와의 접경인 임나지역에 야마토 정권으로부터 제공받은 군대나 왜계 지휘관을 배치하는 것이 유리하다고 생각했기 때문이 아닌가 생각한다.

판시 ③

"일본서기를 사실로 믿고, 스에마쓰 야스카즈의 임나일본부설을 비판하지 않고 있다"고 기술한 부분에 대한 판단.

피고인은 이 사건 서적에서 "일본서기만을 근거로 백제를 일본의 속국으로 보고 있다, 아마 일본에도 B만큼 일본서기 기사를 철저하게 사실로 받아들이는 학자를 찾기는 쉽지 않을 것이다"(제350쪽 제15행~제351쪽 제1행), "B는 일본서기를 사실로 모두 받아들이면서 고대 한국이 일본의 식민지였다고 주장하고 있다"(제351쪽 제4~6행), "B는 '임나일본부설'의 신봉자인 스에마쓰 야스카즈의 임나일본부설을 비판하지 않고 있다"(제339쪽 제11~13행)고 기술하였다.

그러나 피해자는 피해자 집필 서적에서 위와 같이 주장하거나 기술한 사실이 없다. 오히려 피해자는 아래와 같이 일본서기를 맹목적으로 신뢰하는 것이 아니라 역사연구의 바탕인 사료들 중 하나로 파악하고 객관적인 사료비판을 통해 일본 학자들이 주장하는 임나일본부설의 근거가 되고 있는 일본서기의 내용 중 오류가 있음을 지적하며, 이러한 일본서기에 근거한 스에마쓰 야스카즈의 임나일본부설을 명백히 비판하고 있다.

〈피해자 집필 서적 제32쪽〉

1985년 춘천 H대학교 주최로 '동양 고대문헌의 신빙성'이라는 제목의 심포지엄이 개최되었다. 일본 문헌에 대한 발표를 맡았던 나는 "일본 최고 사서인 '일본서기'는 그 명칭조차 분명하지 않고 그 내용에도 문제가 많지만 중요한 역사적 사실도 담고 있는 만큼 그 내용을 믿을 수 없다고만 할 것이 아니라 그 내용을 하나하나 객관적으로 검토하여 날조된 것은 버리고 역사적 사실은 받아들여야 한다"는 요지로 발표했다. …(중략)… 이제부터라도 '일본서기'에 대한 객관적인 사료비판을 통해 어떤 것이 사실이고 어떤 것은 작위·윤색되었는지를 밝히고 객관적으로 확인된 사실들을 바탕으로 한반도 남부경영론을 비판해야 할 것이다.

〈피해자 집필 서적 제45쪽〉

그러나 징구우황후 49년 기록을 세밀히 살펴보면 야마토 정권의 작전이라기보다는 오히려 백제의 작전이 아닌가 하는 의문이 생긴다.

〈피해자 집필 서적 제50쪽〉

그런데 '일본서기' 편자가 백제장군인 목라근자를, 이름은 없고 성과 씨만 있는 왜장 아라타와케, 카가와케의 증원군으로 갖다붙임으로써, 가야 7국 평정이나 '남만' 침미다례 정복 등 목라근자가 이끄는 백제군의 작전이 전부 야마토 정권에 의한 것처럼 되어버린 것이다.

〈피해자 집필 서적 제60쪽〉
382년 가야를 구원함으로써 가야에 대한 영향력을 확보한 나라는 야마토 정권이 아니라 백제였다. 그런데 '일본서기'는 목라근자가 마치 왜인인 것처럼 …(중략)… 표현하여 마치 일본천황이 가야를 구원한 주체인 것처럼 썼다.

〈피해자 집필 서적 제95쪽〉
'일본서기'에 야마토 정권이 임나를 경영한 것처럼 되어 있는 내용의 원형이 무엇이었는지를 밝히다보니 사실은 백제의 이야기였다는 결론에 이르게 되었다.

〈피해자 집필 서적 제199쪽〉
결국 '일본서기'에 야마토 정권이 한반도 남부를 지배한 것처럼 되어버린 것은 '일본서기'의 편자의 관계자료에 대한 오해에서 비롯된 것이라고 할 수 있다.

위와 같은 1심 판결문은 누가 읽어보더라도 쉽게 이해할 수 있게 명료하다.

사실 이 재판은 대단히 간단하다.

① "임나일본부설이 사실이다", ② "백제는 야마토 조정의 속국·식민지이고, 야마토 조정이 백제를 통해 한반도 남부를 통치했다"고 주장했다고 기술하고, ③ "일본서기를 사실로 믿고, 스에마쓰 야스카즈의 임나일본부설을 비판하지 않고 있다"라고 기술한 내용이 《임나일본부설은 허구인가》에 존재하는가의 여부를 밝히면 되는 문제이다.

위 1심 판결문을 살펴보면, 이덕일은 《우리 안의 식민사관》에서 《임나일본부설은 허구인가》에 ① "임나일본부설이 사실이다", ② "백제는 야마토 조정의 속국·식민지이고, 야마토 조정이 백제를 통해 한반도 남부를 통치했다"고 주장했다고 기술하고, ③ "일본서기를 사실로 믿고, 스에마쓰 야스카즈의 임나일본부설을 비판하지 않고 있다"라고 기술하였다. 그러나 《임나일본부설은 허구인가》에 위와 같이 주장한 사실이 없다. 그럼에도 불구하고 이덕일은 위와 같은 허위사실을 근거로 피해자가 친일매국행위를 하였다면서 친일·식민사학자로 비난하며, 피해자의 소행을 구한말의 이완용 일파의 매국 행위에 비유하는 것은 지나친 비유가 아니라고 주장함으로써 허위의 사실을 적시하여 피해자의 명예를 훼손하였다는 것이다.

이덕일이 《임나일본부설은 허구인가》에 ② "백제는 야마토 조정의 속국·식민지이고, 야마토 조정이 백제를 통해 한반도 남부를 통치했다"고 주장했다고 기술한 데 대한 반박으로 1심 판결문은 이렇게 적고 있다. "특히, 피해자는 야마토 정권이 백제에 제공한 군사의 규모(500명에서 1,000명)에 비추어 볼 때, 야마토 정권이 한반도에서 주체적으로 독자적인 작전을 수행하기는 어려웠다고 생각하며, 이런 면에서도 야마토 정권이 보낸 군대는 소위 한반도 남부 경영을 위해서라기보다는 백제를 지원하기 위한 군대였다고 보는 것이 타당하다고 주장하였다." 이 부분은 나도 전혀 생각지 못했던 것으로, 재판부가 《임나일본부설은 허구인가》에서 끌어내어 지적한 데 대해서는 감탄을 금치 못했다. 재판부가 《임나일본부설은 허구인가》를 몇 번이고 정독하고 내린 판결이 틀림없다고 생각한다.

서울서부지방법원 공보관 성명서

이덕일이 서울고등검찰청에 의해서 공소제기 된 직후, 허성관 전 행자부장관은 경기일보 '허성관 칼럼'에서 '대한민국 검찰이 일부 극우파 역사관을 비판한 경우에도 모두 기소하니 이해하기 어렵다'고 검찰을 비판하고, 1심이 이덕일에게 유죄 판결을 내린 것에 대해서 이정우 전 참여정부 정책실장은 경향신문 '시대의 창'에서 '한국은 아직 식민지인가'(2016. 2. 18)라는 기사로 항의를 하자 서울서부지방법원은 이례적으로 공보관 명의의 성명서를 발표했다. 전문을 소개하면 다음과 같다.

서울서부지방법원 2016고단1605 판결 내용

2016. 2. 19. 서울서부지방법원 공보관

◉ 이○○ 피고인은, 김○○ 교수를 임나일본부설을 사실로 믿는 식민사학자라고 비판하였으나, 김○○ 교수는 위와 같은 주장을 전혀 한 바 없음. ⇨ 명백한 '허위사실'을 근거로 제시함.

• 김○○ 교수는 '임나일본부설은 허구인가'에서, 임나일본부설을 지지한 것이 아니라 오히려 비판하였음.

－ 김○○ 교수는, 위 저서에서 스에마쓰 야스카즈로 대표되는 일본 학자들의 임나일본부설을 비판하고, 일본 학자들이 임나일본부설의 근거자료로 드는 '일본서기'에 오류가 있음을 지적하며 '임나일본부설'을 부정하는 결론을 명시하고 있음.

• 김○○ 교수는 위 저서에서 '백제가 야마토 정권의 식민지'라고 주장한 바 없음.

－ 김○○ 교수는, 위 저서에서 백제는 야마토 정권에게 선진 문물을 제공하고, 대신 야마토 정권의 군대를 용병으로 이용하는 관계였다고 명시하고 있을 뿐, '백제가 야마토 정권의 식민지'라고 주장한 바 없음.

- 김○○ 교수는 일본서기를 사실로 믿지 않았고, 스에마쓰 야스카즈의 임나일본부설을 명백히 비판하였음.
- 김○○ 교수는 임나일본부설 관련 일본서기의 내용이 사실과 다르다는 점을 명백히 기술하고, 위와 같이 잘못된 일본서기를 근거로 하는 스에마쓰 야스카즈의 임나일본부설을 비판하였음.

◉ 이○○ 피고인은 위 '허위사실'을 근거로 학문의 자유의 범위를 넘어서서 김현구 교수의 명예를 훼손함.

• 이○○ 피고인은 김현구 교수가 주장하지도 않은 내용을 근거로 제시하거나 그 주장내용을 왜곡하여 김현구 교수를 '친일사학자', '이완용의 매국행위에 비유'하는 등으로 고려대학교 역사교육과 명예교수인 김현구 교수의 명예를 훼손하였음.

◉ [참고] 위와 같은 허위사실을 이유로 이미 이○○ 피고인의 책에 대해서는 출판금지가처분이 내려진 바 있음.

'임나일본부'를 자의적으로 규정한 2심 판결

"피고인을 징역 6월에 처한다. 다만, 이 판결 확정일로부터 2년간 위 형의 집행을 유예한다"는 1심 결과에 대해서 검찰과 이덕일 쌍방이 항소했다. 검찰은 징역 1년을 구형했다.

이덕일은 1심에서 징역 6월에 2년간 형의 집행이 유예되자 1심에서 변호를 담당했던 법률사무소 큰숲 윤홍배 변호사를 법무법인 바른의 김용균 변호사로 교체했다. 왜 바꿨을까 하는 생각이 들어서 찾아보니 새로이 교체된 김용균 변호사는 세 곳의 법원장을 역임한 소위 사회에서 이야기하는 잘나가던 전관이었다. 얼마 있다가는 법제처장을 역임한 이석현 변호사까지 추가로 선임했다. 약간 불안감이 스쳤다. 그러나 형사소송에서 유죄판결을 받았을 뿐만 아니라 같은 허위사실을 이유로 한 민사소송에서 이덕일의 책에 대한 출판금지가처분 신청도 받아들여졌고, 명명백백한 허위사실을 어찌할 수 있겠는가 싶어서 곧 잊어버렸다. 그런데 재판 진행과정에서 검사장 출신의 한 유명 변호사가 잘 나가던 전관으로서 2013년에만 91억을 수임한 사실이 사회적 이슈가 되면서 불안감이 되살아나기 시작했다.

2심은 지영난 부장판사의 합의부에 배정되었다.

이덕일이 《임나일본부설은 허구인가》에 ① "임나일본부설이 사실이다", ② "백제는 야마토 조정의 속국·식민지이고, 야마토 조정이 백제를 통해 한반도 남부를 통치했다"고 기술되어 있다고 주장하고, ③ "일본서기를 사실로 믿고, 스에마쓰 야스카즈의 임나일본부설을 비판하지 않고 있다"고 주장했으나 1심 재판부는 《임나일본부설은 허구인가》에 그와 같은 주장이 없다고 하여 유죄판결을 내렸다.

그러나 항소심 재판부는 《임나일본부설은 허구인가》에 ①, ②, ③이라는 기술은 없지만, ①, ②, ③이 허위사실의 적시는 아니라고 하여 무죄판결을 내렸다. 그렇다면 이덕일이 《임나일본부설은 허구인가》에 기술되어 있다고 주장한 ①, ②, ③이 허위사실의 적시가 아니라는 근거는 무엇일까?

항소심 재판부는 ①과 ③을 같은 성격이라고 보아 하나로 묶어서 검토하고, ②는 별도로 검토하고 있다. ③ "《일본서기》를 사실로 믿고 스에마쓰의 임나일본부설을 비판하지 않"아야 ① "임나일본부설이 사실이다"라는 결론이 나기 때문에 ①과 ③을 묶어서 검토하는 것은 당연하다고 할 수 있다. 그렇다면 ①과 ③이 허위사실의 적시가 아니라는 근거는 무엇인가?

1. ① "임나일본부설이 사실이다", ③ "《일본서기》를 사실로 믿고 스에마쓰의 임나일본부설을 비판하지 않고 있다"라는 이덕일의

주장이 허위사실의 적시인지 여부

'임나일본부'에 대한 사전적 의미를 배제하고 자의적으로 규정한 항소심 재판부

항소심 재판부는 검찰이 공소를 제기한 ① "임나일본부설이 사실이다", ② "백제는 야마토 정권의 속국·식민지이고, 야마토 정권이 백제를 통해 한반도 남부를 통치했다", ③ 《일본서기》를 사실로 믿고 스에마쓰의 임나일본부설을 비판하지 않고 있다" 중에서 먼저 ①, ③에 대한 임무영 검사의 공소사실이 인정되지 않는다는 근거로 다음과 같은 이유를 제시하고 있다.

이 사건 책에 "김현구는 (중략) 임나일본부가 실제로 한반도 남부를 지배했다고 쓴 인물이다"와 같은 기술이 존재하나, …(중략)…앞서 본 기술에서 '임나일본부'는 '야마토 정권이 임나에 설치한 통치기구'라는 의미가 아니라 '지금의 전라남도 전역과 경상도 서부 및 충청북도와 강원도 일부까지 포함하는 지역에 국가 또는 지방정부와 유사한 정치적 실체로 존재하였다고 주장되는 임나'라는 의미로 사용된 것으로 해석하는 것이 타당하다. 그렇다면 앞서 본 기술만을 근거로 피고인이 '김현구가 스에마쓰의 임나일본부설을 모두 사실이라고 주장하였다고' 단언하기는 어렵다.(판결문 7~8쪽, 이 책의 부록

205쪽 3행~206쪽 17행)

　　판결문에 따르면, 항소심 재판부는 '임나일본부'에 대해서 '야마토 정권이 한반도 남부를 지배하기 위해서 임나에 설치한 통치기구'라는 사전에도 씌어 있는 정의를 배제하고 '지금의 전라남도 전역과 경상도 서부 및 충청북도와 강원도 일부까지 포함하는 지역에 국가 또는 지방정부와 유사한 정치적 실체로 존재하였다고 주장되는 임나'라는 학계에 존재하지도 않는 새로운 정의를 내렸다. 그런 다음 '임나일본부'가 '야마토 정권이 한반도 남부를 통치하기 위해서 설치한 기구'를 의미하는 것이 아니니까, 이덕일이 ① "임나일본부설이 사실이다"고 주장한 것이 '김현구가 스에마쓰의 임나일본부설을 모두 사실이라고 주장하였다'라고 단언하기 어렵다는 것이다.

　　'임나일본부'의 사전적인 의미는 차치하고서라도 ①'임나일본부설이 사실이다'를 이덕일이 나를 매국노로 매도하는 근거로 삼고 있는 것을 보면, 이덕일이 '임나일본부'를 '야마토 정권이 한반도 남부를 통치하기 위해서 설치한 기구'라는 의미로 사용한 것이 틀림없다. 그럼에도 불구하고 항소심 재판부는 '임나일본부'를 '야마토 정권이 한반도 남부를 통치하기 위해서 설치한 기구'가 아니라고 자의적으로 규정한 다음 그렇기 때문에 ①'임나일본부설이 사실이다'라는 이덕일의 주장은 '김현구가 스에마쓰의 임나일본 부설을 모두 사실이라고 주장하였다고' 단언하기는 어렵다는 황당하기 이를 데 없는 판결로 이덕일에게 면죄부를 주고 있다. 역사에서는 이런 것을 궤변을 넘어 사료의 조작이라고 한다.

항소심 재판부의 논리대로 '임나일본부'는 '야마토 정권이 한반도 남부를 통치하기 위해서 설치한 기구'라는 의미가 아니기 때문에 '임나일본부설이 사실이다'라는 이덕일의 주장은 '야마토 정권이 한반도 남부를 통치했다'는 의미로 '단언하기 어렵다'라고 한다면, 이덕일이 ①'임나일본부설이 사실이다'를 가지고 나를 매국노로 매도한 근거로 삼은 것은 근거도 없이 나를 매국노로 매도한 것이 아닌가?

'임나일본부'가 '야마토 정권이 한반도 남부를 통치하기 위해서 설치한 기구가 아니라'는 자의적 규정은 결국 '김현구가 스에마쓰의 임나일본부설을 모두 사실이라고 주장하였다고' 단언하기는 어렵다는 결론을 도출하기 위한 고육지책이었다고 생각할 수밖에 없다. 그리고 이를 근거로 ①에 대한 서울고등검찰청의 공소사실 (허위사실 적시)이 인정되지 않는다는 판결을 내리고 있는 것이다. 이런 것을 자료의 조작이라고 하지 않는다면 어떤 것을 자료의 조작이라고 하겠는가? 《임나일본부설은 허구인가》를 읽어본 정상적인 사람이라면 과연 누가 ①이 허위사실의 적시가 아니라고 하겠는가?

'임나일본부'가 '야마토 정권이 한반도 남부를 통치하기 위해서 설치한 기구'가 아니라는 항소심 재판부의 판결을 누가 인정할 수 있겠는가? 《임나일본부설은 허구인가》를 읽어본 정상적인 사람이라면 과연 누가 ①이 허위사실의 적시가 아니라고 하겠는가?

학설을 계량화하여 판결한 항소심 재판부

항소심 재판부는 이덕일이 "'김현구가 자신의 책에서 스에마쓰의 임나일본부설 및 《일본서기》의 내용 중 임나의 지배 주체 부분을 제외한 나머지 부분을 비판하지 않았고 이를 사실로 인정하였다'고 기술한 것이 …대체적으로 진실에 부합하는 것"(상동 8쪽 5~9행, 이 책의 부록 206쪽 18행~207쪽 2행)이므로 ①, ③이 허위사실이 적시라고 볼 수 없다는 판결을 내리고 있다. 그리고 "스에마쓰의 임나일본부설 및 《일본서기》의 내용 중 임나의 지배 주체 부분을 제외한 나머지 부분을 비판하지 않았고 이를 사실로 인정하였다"는 근거로 다음과 같은 두 가지 사실을 들고 있다.

첫째, 항소심 재판부는 "스에마쓰의 임나일본부설 및 《일본서기》의 내용 중 임나의 지배 주체 부분을 제외한 나머지 부분을 비판하지 않았고 이를 사실로 인정하였다"는 첫 번째 근거로 들고 있는 것은 다음과 같다.

스에마쓰가 주장하는 임나일본부설의 핵심은 '①임나의 위치(한반도 남부), ②임나의 존속기간(서기 369년부터 562년까지), ③임나의 지배 대상(가야), ④역사적 근거(《일본서기》), ⑤임나의 지배 주체(야마토 정권)'로 요약될 수 있는데, 김현구는 자신의 책에서 위 5가지 핵심요소 중 지배 주체 부분만 부정하고 나머지 부분은 전체적으로 스에마쓰의 견해를 따르고 있다.(상동 8쪽)

먼저 스에마쓰가 주장했다는 임나일본부설의 핵심이라는 ①~⑤는 항소심 재판부가 자의적으로 규정한 것이지 스에마쓰설의 핵심이 될 수 없다. 스에마쓰의 임나일본부설이 식민사학의 표상이 된 것은 '야마토 정권이 고대에 한반도 남부를 지배했다'는 스에마쓰의 주장이 1910년 한일병합을 역사적으로 합리화시키기 때문이다. 따라서 스에마쓰 임나일본부설을 추종하는 식민사학자인지 아닌지는 '야마토 정권이 고대에 한반도 남부를 지배했다'는 스에마쓰의 주장을 추종하느냐의 여부에 달려 있다.

스에마쓰가 주장하는 임나일본부설의 핵심은 '야마토 정권이 고대에 한반도 남부를 지배'한 사실을 인정하는가의 여부 즉, ⑤ 임나의 지배 주체(야마토 정권)에 있는 것이고, ①~④는 ⑤에 따른 부수적 사항이지 스에마쓰 임나일본부설의 핵심이 될 수 없다.

⑤ 임나 지배의 주체가 야마토 정권이라면 ①~④는 자연히 야마토 정권에 부수되는 것이고, ⑤ 임나 지배의 주체가 백제라면 ①~④의 주체는 자연히 백제에 부수되는 것이다. 그런데《임나일본부설은 허구인가》는 스에마쓰와는 달리 ⑤ '임나의 지배 주체'를 야마토 정권이 아니라 백제라는 결론을 내리고 있다.

항소심 재판부는 임나일본부설의 핵심을 ①~⑤의 5개로 규정하고 있지만 '핵심'이라는 것은 '사물의 가장 중심이 되는 부분'이라는 뜻으로 오직 하나 뿐이다. 핵심이 5개라면은 벌써 그것은 핵심이 아니다. 지역의 명칭인 '임나'를 통치의 주체로 하여 학계에 존재하지도 않고 존재할 수도 없는 ③ '임나의 지배 대상'이라는 것을 임나일본부설의 핵심이라고 항소심 재판부가 제시하고 있다는 점에서도 '임나일본부설의 핵심'이라는 것이 얼마나 엉터리인지 알 수 있다. 스에마쓰가 주창한 임나일본부설의 핵심은 '야마토 정권이 고대에 한반도 남부를 지배'한 사실을 인정하는가의 여부 즉, ⑤ 임나의 지배 주체(야마토 정권)가 누구인가일 뿐이고,《임나일본부설은 허구인가》는 ⑤ '임나의 지배 주체'가 야마토 정권이 아니라 백제임을 입증하고 있다. 그럼에도 불구하고 항소심 재판부가 임나일본부설의 핵심을 존재할 수도 없는 ③ '임나의 지배 대상' 같은 5개로 규정하고, "김현구는 자신의 책에서 위 5가지 핵심요소 중 지배 주체 부분만 부정하고 나머지 부분은 전체적으로 스에마쓰의 견해를 따르고 있다"고 하여 ③이 허위사실의 적시라고 볼 수 없다는 근거로 삼고 있는 것은 임나일본부설을 왜곡, 계량화하여 이덕일에게 면죄부를 주기 위한 꼼수에 불과하다. 더구나 ①~④는 스에마쓰설의 핵심도 아닐 뿐만 아니라 학계의 일반론이지 스에마쓰만의 주장도 아니다.

① '임나의 위치'(한반도 남부)가 한반도 남부인 가야의 일국이라는 사실은 학계의 통설이지 스에마쓰만의 주장이 아니다. ② '임나의 존속기간'(서기 369년부터 562년까지)에 대해서도, 스에마쓰는 369년에 야마토 정권이 가야 7국을 평정한 해라는 의미로 썼지만, 《임나일본부설은 허구인가》는 백제가 가야 7국을 경영하기 시작한 해라고 명시했다. 임나(대가야)가 562년 신라에게 멸망했다는 근거도 스에마쓰의 주장이 아니라 《삼국사기》에 나온 기록으로 스에마쓰도 《삼국사기》를 인용하고 있다. ③ '임나의 지배 대상(가야)'이라고 한 것을 보면, 지역 명칭인 '임나'를 통치의 주체라는 전제로 '임나의 지배 대상'이라고 표현한 것이다. '임나'를 통치의 주체로 보고 '임나의 지배 대상'이라고 표현하는 경우는 학계에 존재하지도 않으며 이는 이덕일이 만들어낸 용어이다. 임나일본부설에서 기본이 되는 용어의 의미도 제대로 구사하지 못하고 있으니 임나 문제의 핵심이 무엇인지도 모르는 것이 아니겠는가? ④ '역사적 근거'(《일본서기》)라는 것도 스에마쓰는 《일본서기》를

근거로 야마토 정권이 임나를 지배했다고 주장하고 있지만, 《임나일본부설은 허구인가》는 《일본서기》를 근거로 오히려 임나를 경영한 것이 백제임을 입증하고 있다.

항소심 재판부는 "5가지 핵심요소 중 지배 주체 부분만 부정하고 나머지 부분은 전체적으로 스에마쓰의 견해를 따르고 있다"고 하는데 《임나일본부설은 허구인가》가 ①~④에서 일반론이 아닌 스에마쓰의 어떤 견해를 따르고 있다는 것인가? ①~④에 대해서 스에마쓰의 견해를 따르고 있지도 않지만, 엉터리로 '임나의 지배 영역' 같은 것을 '임나일본부설의 핵심'으로 만들어 학설을 계량화한 다음 더 많은 개수를 인정하고 있으니 '전체적으로 그 견해를 따르고 있다'라고 하는 해괴한 논리가 어디에 있다는 말인가? 아마도 학설을 계량화하여 판결한 사실은 사법사상이나 역사에서 두고두고 회자될 것이다.

'임나일본부'에 대해서 학계에 존재하지도 않는 새로운 정의를 자의적으로 내리거나 엉터리로 '임나일본부설의 핵심'을 만들어 학설을 계량화한 것만 보아도 항소심 재판부가 본 사건의 핵심 쟁점인 '임나일본부설'이 무엇인지 제대로 이해하지 못하고 있음이 자명하고 따라서 올바른 판결이 나올 수 없었다고 생각한다.

둘째, 항소심 재판부는 "스에마쓰의 임나일본부설 및 《일본서기》의 내용 중 임나의 지배 주체 부분을 제외한 나머지 부분을 비판하지 않았고 이를 사실로 인정하였다"는 두 번째 근거로 드는 것은 다음과 같다.

특히 김현구는 자신의 책에서 가야 7국(비자벌, 남가야, 녹국, 안라, 다라, 탁순, 가야)의 지명에 관하여 "특별한 경우가 아니면 지명 비정은 스에마쓰의 설을 따랐다"(《임나일본부설은 허구인가》 43쪽 각주7)라고 하였고, 임나의 지배영역을 표시함에 있어서도 별도의 인용 표시 없이 스에마쓰의 학설에 따른 지도를 여러 차례에 걸쳐 그대로 실었는데(위 책 17, 27, 49, 66, 79, 99, 103, 139, 160쪽) …(중략)… 임나의 위치와 지배영역에 관하여 스에마쓰의 학설을 그대로 따르고 이를 수용하는 듯한 태도를 보였다.(판결문 8~9쪽)

먼저 '가야 7국에 대한 지명 비정'에 대해서 "특별한 경우가 아니면 지명 비정은 스에마쓰의 설을 따랐다"고 하는 것은 '고대에 야마토 정권이 약 200년 간 임나를 직접 지배하고 백제와 신라를 간접 지배했다'는 스에마쓰의 임나일본부설과는 무관한 스에마쓰의 '일반적인 학설'을 수용한 것일 뿐이다.

현재 일본의 통설에서 한반도 남부 경영의 기원으로 제시하는 근거는 369년 신라를 격파하고 가야 7국을 평정한 다음 백제를 서번으로 삼았다는 내용이다. 먼저 내용을 소개하면 다음과 같다.

49년 봄 3월, ……비자벌(比自伐, 창녕)·남가야(南加羅, 김해)·녹국(喙國, 경산)·안라(安羅, 함안)·다라(多羅, 합천)·탁순(卓淳)·가야(加羅, 고령=대가야) 7국을 평정하였다.(각주 7)

《임나일본부설은 허구인가》 43쪽에 각주 (7)로써 "특별한 경우가 아니면 지명 비정은 스에마쓰의 설을 따랐다"고 하여 《일본서기》에 보이는 야마토 정권이 평정했다는 '가야 7국'의 지명 비정을 특별한 경우가 아니면 스에마쓰 설을 따랐음을 표기하고 있다.

스에마쓰의 야마토 정권이 가야 7국을 평정했다는 주장을 반박하기 위해서 제시한 지문인 만큼 야마토 정권이 평정했다는 '가야 7국'에 대한 지명을 비정할 때 '특별한 경우가 아니면 스에마쓰설'을 따르는 것은 너무나 당연한 일이 아닌가? 더구나 '일제의 식민지 지배를 역사적으로 정당화하는 《일본서기》를 근거로 고대에 야마토 정권이 약 200년 간 임나를 직접 지배하고 백제와 신라를 간접 지배했다'는 스에마쓰의 임나일본부설과는 전혀 무관한 스에마쓰의 지명 비정에 관한 일반적인 학설을 따른 것일 뿐이다.

식민사학이라고 하여 문제가 되고 있는 스에마쓰설은 임나일본부설을 의미하는 것이다. 스에마쓰의 임나일본부설과 무관한 스에마쓰의 일반적인 학설을 수용했다고 해서 임나일본부설을 의미하는 스에마쓰설을 추종했다고 한다든가 식민사학자라고 하지는 않는다. 그럼에도 불구하고 항소심 재판부가 "특별한 경우가 아니면 지명 비정은 스에마쓰설을 따랐다"고 하는 것을 가지고 '스에마쓰의 학설을 그대로 따르고 이를 수용하는 듯한 태도를 보였다'고 하여 ③이 허위사실의 적시라고 볼 수 없다는 근거로 삼고 있는 것은 본 사건에서 문제가 된 임나일본부설을 의미하는 스에마쓰설과 일반적인 스에마쓰의 주장을 구분하지 못한 결과이다.

다음으로 "'임나의 지배영역'을 표시함에 있어서도 별도의 '인용 표시 없이' 스에마쓰의 학설에 따른 지도를 여러 차례에 걸쳐 그대로 실었는데(《임나일본부설은 허구인가》17, 27, 49, 66, 79, 99, 103, 139, 160쪽)"라는 부분을 보자. 재판부가 언급한 '임나'라고 표기된 지도는 스에마쓰가 야마토 정권이 지배했다고 주장하고, 《임나일본부설은 허구인가》는 백제가 경영했다고 주장하는 지역의 범위이다. 임나가 지배한 땅을 의미하는 '임나의 지배영역'이라는 말 자체가 성립하지 않는다. '임나'는 지역의 명칭이지 통치의 주체를 의미하는 용어가 아니다. 따라서 '임나의 지배영역'이라는 용어는 학계에 존재하지도 않고 그런 용어를 사용한 용례도 없다. 재판부는 기본적으로 '임나'의 의미 자체를 잘못 이해하고 있는 것이다. 본 사건의 핵심 쟁점인 '임나'의 의미 자체를 잘못 이해하고 있으니 올바른 판결이 나올 리가 없었다.

"스에마쓰의 임나일본부설 및 《일본서기》의 내용 중 임나의 지배 주체 부분을 제외한 나머지 부분을 비판하지 않았고 이를 사실로 인정하였다"의 근거의 하나로 제시하고 있는 "별도의 '인용 표시 없이' 스에마쓰의 학설에 따른 지도를 여러 차례에 걸쳐 그대로 실었는데"에서 '별도의 인용 표시'라는 것은 서술 편의상 본문에서 설명할 수 없을 경우에 붙이는 것이지 본문에서 이미 설명하고 있는데 또 '별도의 인용 표시'를 하는 학자는 없다. 《임나일본부설은 허구인가》는 본문에서 이미 '임나'가 《임나일본부설은 허구인가》에서 인용하고 있는 지도와는 달리 특정 가야임을 밝히고, 그 특정한 가야가 '고령가야'임을 책의 도처에서 밝히고 있다(48, 56, 85, 97, 98, 99, 101, 104쪽 등). 그리고 《일본서기》와 스에마쓰가 주장하는 '임나'의 범위를 "'임나'가 원래는 특정 가야를 의미했지만 《일본서기》에서만 모든 가야를 의미하는 광의로도 사용되었음을 알 수 있다"(19쪽)라는 내용이나, "임나(任那)는 지리적으로 말하면 여러 한국 중의 하나인 구야한국(狗邪韓國, 김해가야=임나가야)에 기원하는데 백제·신라의 통일권 내에 들어가지 않는 모든 한국을 포함하는 지역의 총칭이며"(16쪽)라는 스에마쓰의 주장을 명확히 소개함으로써, 그 지도에 표기된 '임나'의 범위가 《일본서기》나 스에마쓰의 주장이지 《임나일본부설은 허구인가》의 주장이 아님을 분명히 밝혔다.

그런데 스에마쓰설을 비판하기 위해서 지문으로 제시한 스에마쓰의 지도에 보이는 지역을 표시하는 '임나'를 자의적으로 '임나의 지배영역'이라는 통치의 주체(지역명인 '임나'를 자의적으로 '임나의 지배영역'라는 통치 주체로 규정한 다음 '임나의 지배영역'을 야마토 정권이 통치하는 지역이라는 의미로 사용하여 임나를 야마토 정권과 같은 의미로 사용하고 있는 듯하다)로 규정한 다음 '별도의 인용표시' 없이 스에마쓰처럼 야마토 정권이 지배한 영역으로 표기하고 있으므로 "김현구가 자신의 책에서 스에마쓰의 임나일본부설 및《일본서기》의 내용 중 임나의 지배 주체 부분을 제외한 나머지 부분을 비판하지 않았고 이를 사실로 인정하였다"는 ③의 근거로 삼고 있는 것이다.

그 지도는 스에마쓰설을 반박하기 위해서 스에마쓰의 지도를 지문으로 인용한 것이지, 스에마쓰처럼 지도에 표기된 임나를 지배한 것이 야마토 정권이라는 증거로써 제시한 것이 아니다.《임나일본부설은 허구인가》는 처음부터 끝까지 지도에 표기된 임나를 경영한 것은 야마토 정권이 아니라 백제였음을 입증하고 있다. 야마토 정권이 '임나'를 지배했다고 주장하는 것이 스에마쓰설의 추종자이고 식민사학자가 되는 것이지 그 임나를 지배한 것이 백제라고 하는 경우, 그 범위가 '6가야'든 '가야보다 훨씬 크게 그려져 있든' '일본열도'가 되었든 그것이 어떻게 스에마쓰설을 추종하는 식민사학자가 된다는 말인가? 항소심 재판부는 《임나일본부설은 허구인가》의 저자의 뜻이 담긴 '기술'과 지문으로 제시된 '인용문'(지도)을 구분하지 못한 것이다.

이처럼 항소심 재판부가 '임나일본부', '임나일본부설', '임나', '인용 표시', '인용문과 저자의 기술'을 제대로 이해하지 못하고 사전적 의미까지 배제하고 자의적으로 규정하고 있는 것은 임나 문제에 대해서 기본적인 용어의 개념도 제대로 구사하지 못하고 있는 이덕일의 주장을 일방적으로 수용한 결과가 아니겠는가. 핵심 쟁점이 되는 개념들에 대해서 사전적 의미를 배제하고 자의적으로 규정하고, 스에마쓰의 일반적 학설의 수용을 임나일본부설의 추종으로 왜곡하며, 인용문을 기술로 조작한 판결을 누가 수용할 수 있겠는가?

문제는 간단하다. 이덕일이 주장하고 있는 ① "임나일본부설이 사실이다", ③ "《일본서기》를 사실로 믿고 스에마쓰의 임나일본부설을 비판하지 않고 있다"를 뒷받침하는 내용이 《임나일본부설은 허구인가》에 존재하는가의 여부를 가리는 사실 확인의 문제이다. 이런 단순한 문제를 밝히는데 왜 '임나일본부'에 대한 사전적 의미를 배제하고 자의적으로 재해석하고, '스에마쓰의 임나일본부설'을 계량화하고, 학계에 존재하지도 않는 '임나의 영역'이라는 것을 만들어 '별도의 인용표시'를 했네, 안 했네, 하는 궁색한

방법을 동원하고 있는지 알 수 없다.

'의견'과 '허위사실의 날조'를 구분하지 못한 항소심 재판부

항소심 재판부는 다음과 같이 판단하고 있다.

이덕일이 이 사건 책(이덕일의 《우리 안의 식민사관》)에서 '김현구는 임나일본부설이 사실이라면서 야마토 정권이 임나일본부와 같은 통치기구를 통해 임나 지역을 직접 지배하였다고 주장하였다'고 기술한 것으로 해석한다고 가정하더라도, 김현구 책에 나오는 다음과 같은 기술에 비추어 보면, 피고인의 위와 같은 기술은 '김현구는 표면적으로는 목라근자와 그 아들 목만치 및 그 후손 등 목씨 일가를 통한 지배라는 외양을 빌어 마치 백제가 임나를 지배한 것처럼 기술하였으나, 목만치와 그 후손이 나중에 일본인이 되고 야마토 정권의 실권까지 장악한 호족이 되었다고 기술한 점 등으로 미루어보면, 실질적으로는 목씨 일가에 의한 지배는 백제에 의한 지배가 아니라 일본 또는 일본인에 의한 지배인 것처럼 보이도록 기술한 것이다'라는 취지로 김현구의 책에 대한 자신의 의견 또는 평가를 밝힌 것이라고 보인다.(판결문 9쪽, 이 책의 부록 208쪽 1~12행)

요는 이덕일이 '김현구가 임나일본부설이 사실이라고 주장하였다'고 하더라도 '표면적으로는 백제가 임나를 지배한 것처럼 기술하였으나, 실질적으로는 목씨 일본인에 의한 지배인 것처럼 보이도록 기술한 것이다'라는 취지의 '의견' 또는 평가를 밝힌 것이므로 ①이 허위사실의 적시가 아니라는 것이다.

《임나일본부설은 허구인가》는 본문 184쪽으로 되어 있는데 그중에서 42쪽에서 128쪽까지 무려 86개 쪽을 할애하여 임나를 지배한 것이 야마토 정권인 것처럼 되어 있는《일본서기》에 대한 사료 비판을 통해서 임나를 경영한 것은 야마토 정권이 아니라 백제의 목씨들임을 입증하고 있다. 그리고 다음과 같은 결론을 내리고 있다.

> 목라근자(木羅斤資)가 369년 가야 7국을 평정하고 382년 임나(고령 가야, 대가야)를 구원함으로써 백제의 임나 경영이 시작되었다. 그 후 백제의 임나 경영은 목라근자의 아들 목만치(木滿致)를 비롯하여 목군 유비기(木君有非岐), 목군 윤귀(木君尹貴) 등 주로 목씨 일족에 의해 이루어졌다. 그러나 임나 경영의 토대를 만든 목라근자의 아들 목만치가 475년 고구려 장수왕의 공격으로 수도 한성이 함락되자 구원을 청하러 도일하였다가 '소가(蘇我)'에 정착하게 된다. 그가 바로 100여 년간 야마토 정권의 실권을 장악했던 소가씨의 조상 소가만지(蘇我滿智)이다.

그런데 신라가 한반도를 통일하자 일본과 신라 간에는 대립이 심화되고 일본에서는 한반도 각국을 일본에 조공을 바치던 나라로 취급하는 번국(蕃國)사상이 유행하게 된다. 따라서 소가만지의 자손들은 자기들의 정당성을 확보하기 위해 조상인 소가만지가 원래부터 왜인이었음을 주장하게 된다. 그 결과 각 씨족들이 제출한 자료를 근거로 《일본서기》를 편찬하는 과정에서 소가만지의 부 목라근자를 비롯한 목씨 일족들이 백제의 장군으로서 수행한 임나 경영이 일본천황의 명에 의해서 이루어진 것처럼 되어버린 것이다.(197~198쪽)

《임나일본부설은 허구인가》는 위와 같이 백제 목씨들에 의한 임나 경영이 왜 《일본서기》에서 야마토 정권에 의한 임나 경영인 것처럼 되어버렸는지도 소상히 밝히고 있다.

그럼에도 불구하고 항소심 재판부는 임나를 경영한 것이 백제 목씨임을 입증하는 내용은 무시한 채 《임나일본부설은 허구인가》에 나오는 목씨에 관한 내용을 편의에 따라 페이지를 앞뒤로 바꿔가면서 재편집하여 제시한 뒤 이런 판단을 내린다.

김현구는 표면적으로는 목라근자와 그 아들 목만치 및 그 후손 등 목씨 일가를 통한 지배라는 외양을 빌어 마치 백제가 임나를 지배한 것처럼 기술하였으나, 목만치와 그 후손이 나중에 일본인이 되고 야마토 정권의 실권까지 장악한 호족이 되었다고 기술한 점 등으로 미루어보면, 실질적으로는 목씨 일가에 의한 지배는 백제에 의한 지배가 아니라 일본 또는 일본인에 의한 지배인 것처럼 보이도록 기술한 것이다'라는 취지로 김현구의 책에 대한 자신의 의견 또는 평가를 밝힌 것이라고 보인다.(판결문 9쪽, 이 책의 부록 208쪽 5~12행)

먼저 사실관계에 있어서 임나를 경영하던 목만치가 도일하여 소가만지가 되었으므로 목만치의 자손도 아닌 목씨 일족들의 임나 경영이 "백제에 의한 지배가 아니라 일본 또는 일본인에 의한 지배"라고 하는 해괴한 논리가 어디에 있다는 말인가? 이는 이덕일이 2017년 4월 13일 대법원에 제출한 '참고자료'에서 《임나일본부설은 허구인가》의 내용을 정리한 것이라고 제시한 다음 페이지의 표(이전에도 주장하던 내용을 정리한 것)와 같은 주장을 그대로 받아들인 것으로써 그야말로 지나가던 소가 웃을 노릇이다.

도대체 《임나일본부설은 허구인가》의 어디에 '목씨 일가에 의한 임나 지배가 백제에 의한 지배가 아니라 일본 또는 일본인에 의한 지배인 것처럼 보이도록 기술'되어 있다는 것인가? 이덕일은 정상적인 사람인가? 이덕일의 주장은 항소심 재판부가 《임나일본부설은 허구인가》를 읽어보지도 않을 것이라는 전제 하에 항소심 재판부를 기만하고 우롱한 것이라고 생각할 수밖에 없다.

이덕일이 《임나일본부설은 허구인가》의 내용을 정리한 것

임나 지배 주요사건	지배자	국적	지배명령의 주체	비고
서기 369년 가야 7국 평정	木라근자	야마토 왜	야마토 정권	木라근자가 백제장군이라고 나오지만, 김현구는 왜인이라고 적시
서기 382년 가야 구원	木라근자	야마토 왜	야마토 정권	
서기 414년 목만치 도일	木만치	야마토 왜	야마토 정권	서기 414년 목만치가 도일 후 그는 왜인이 되고 이 가문이 야마토 정권을 장악한다고 주장
서기 529년 안라부흥회의 주관	木군 유비기	야마토 왜	야마토 정권	
서기 562년 임나 구원	키노(木)노오 노마로	야마토 왜	야마토 정권	

이렇게 재판부를 기만하고 있는 이덕일에게 가중처벌이라도 해야 할 재판부가 오히려 그의 날조된 허위사실을 그대로 받아들여 이를 허위사실의 적시가 아니라는 근거로 삼고 있는 것이다.

사실관계에 대한 항소심 재판부의 판단은 스스로 제시한 "어떤 글의 취지를 판단할 때에는 글의 특정한 부분에 사용된 문구나 문장만을 따로 떼어내어 그 부분의 의미에만 매몰되어 해석할 것이 아니라 그 문구나 문장을 전후하여 전개된 논리의 흐름과 그 전반적인 맥락, 저자의 집필의도 등을 종합하여 글의 전체적인 취지를 이해하려고 하여야 한다"(판결문 7쪽, 이 책의 부록 205쪽 11~ 15행)는 원칙을 부정한 것으로 항소심 재판부의 판결이 원칙에 어긋나고 있음을 스스로 인정하는 것이다.

그리고 "일본인에 의한 지배인 것처럼 보이도록 기술한 것이라는 취지로 김현구의 책에 대한 자신의 의견 또는 평가를 밝힌 것이라고 보인다"라는 대목을 보자. '의견' 또는 '평가'라고 하는 것은 사실에 대한 견해를 의미하는 것이지, 상대의 주장을 자의적으로 페이지까지 바꿔가면서 재배치 왜곡하여 날조한 허위사실에 대한 견해까지 '의견' 또는 '평가'라고 하지는 않는다. 혹을 백이라고 한 것을 '의견' 또는 '평가'라고 하지는 않는다. 항소심 재판부의 판단은 사실을 왜곡하여 날조한 허위사실을 그대로 '의견' 또는 '평가'로 인정하고 있는 것이다. 형식에 매몰되어 허위사실의 날조를 간과하고 있다.

2. ② "백제는 야마토 정권의 속국·식민지이고, 야마토 정권이 백제를 통해 한반도 남부를 통치했다"라는 이덕일의 주장이 허위사실의 적시인지의 여부

'인용문'을 '기술'로 인정한 재판부

항소심 재판부는 ② "백제는 야마토 정권의 속국·식민지이고, 야마토 정권이 백제를 통해 한반도 남부를 통치했다"에 대한 임무영 검사의 공소사실을 인정하지 않았다. 그 근거로《임나일본부설은 허구인가》에서 스에마쓰가 임나일본부설을 주장하기 위해 활용한《일본서기》의 관계 기사를 비판하기 위해 지문으로 인용한《일본서기》의 기사를 제시하고 있다.(판결문 12쪽 9행~14쪽 1행, 이 책의 부록 211쪽 14행~213쪽 7행)

그리고 다음과 같은 판결을 내리고 있다.

"김현구는 자신의 책에서 위에 제시된 예문 부분을 언급하면서 '제3 국의 사료들과의 비교를 전혀 부기하지 않은 채', '그 사실성 여부는 차치하고서'라고 기재하거나 마치 '위 내용이 사실일 가능성이 높다는 취지로 기술'하기도 하였는데 '한 국가가 상대방 국가의 명령을 받아 이를 수행'하거나 '상대방 국가의 왕을 섬기기 위해 왕족들을 파견하고 그들이 부정한 행위를 하였다는 이유로 화형에 처해졌음에도 불구하고 항의를 하거나 보복조치를 취하지 않고 계속 왕족들을 파견하였다는 것은 역사학자가 아닌 일반인의 입장에서도 의구심이 생길 수 있는 내용'"이므로 ② "백제는 야마토 정권의 속국·식민지이고, 야마토 정권이 백제를 통해 한반도 남부를 통치했다"는 주장이 "단순한 허위사실의 적시라고 평가하기 어렵다"는 것이다.(판결문 18쪽, 이 책의 부록 217쪽 14행~218쪽 12행)

위 내용을 요약하면, '제3국의 사료들과의 비교를 전혀 부기하지 않은 채' 제시된 예문의 내용들이 '사실일 가능성이 높다는 취지로 기술'하기도 했다는 것이다. '한 국가가 상대방 국가의 명령을 받아 이를 수행'하거나, '상대방 국가의 왕을 섬기기 위해 왕족들을 파견하고, 그들이 부정한 행위를 하였다는 이유로 화형에 처해졌음에도 불구하고 항의를 하거나 보복조치를 취하지 않고 계속해서 왕족들을 파견'하였으니 ② "백제는 야마토 정권의 속국·식민지이고, 야마토 정권이 백제를 통해 한반도 남부를 통치했다"가 "단순한 허위사실의 적시라고 평가하기 어렵다"는 것이다.

과연 《임나일본부설은 허구인가》는 제3국의 사료들과의 비교를 전혀 부기하지 않았는가?

먼저 '사실일 가능성이 높다는 취지로 기술'이라는 것은 '전부' 지문으로 제시된 《일본서기》를 인용한 '인용문'이다. 그리고 《임나일본부설은 허구인가》는 어디에서도 '그들이 사실일 가능성이 높다'는 취지로 기술한 적이 없다. 오히려 제3국 사료들과의 교차검증을 통해서 《일본서기》를 근거로 야마토 정권이 백제를 간접 지배하였다는 스에마쓰와는 달리 백제와 야마토 정권은 특수한 용병관계에 있었음을 입증하고 있다. 항소심 재판부가 '사실일 가능성이 높다는 취지로 기술'이라고 하는 것들에 대해 '제3국의 사료들과의 비교를 전혀 부기하지 않은 채'라는 전제를 달았는데 이역시 잘못된 것이다. 게다가 그 내용 자체도 '인용문'을 '기술'로 왜곡한 것이다.

'제3국의 사료들과의 비교를 전혀 부기하지 않은 채'라고 하는 것은 《임나일본부설은 허구인가》의 목차도 제대로 읽어보지 않았다는 이야기 밖에 되지 않는다. 《임나일본부설은 허구인가》는 《일본서기》를 가지고 입증한 '야마토 정권은 임나와는 아무런 관계가 없었고 주로 백제와 관계를 가졌는데, 그 백제와는 특수한 용병관계에 있었다는 사실'을 '제 6장(章)'에서 아래와 같이 〈광개토왕릉비문〉, 《삼국사기》, 《송서(宋書)》 등과 교차검증하고 있다.

제6장 '〈광개토왕릉비문〉에 보이는 왜'에서는 "《일본서기》의 507~562년 사이의 기록에서 백제와 야마토 정권이 특수한 용병관계에 있었으며 야마토 정권은 백제를 지원하는 입장에 지나지 않았다는 내용과도 잘 부합된다"(168쪽 1~4행), '《삼국사기》에 보이는 왜'에서는 "야마토 정권은 임나를 경영한 주체가 아니라 백제를 지원하는 입장에 지나지 않았다는 것이다"(170쪽 1~2행), '《송서(宋書)》 왜국전에 보이는 왜'에서는 "《일본서기》에 보이는 야마토 정권의 '임나 경영'과도 전혀 무관함을 알 수 있다"(178쪽 8~10행)》라고 하여 《일본서기》에 대한 사료 비판을 통해서 얻은 결론을 〈광개토왕릉비문〉, 《삼국사기》, 《송서(宋書)》 등과의 비교하여 교차검증

하고 있다.

그럼에도 불구하고 '제3국의 사료들과의 비교를 전혀 부기하지 않은 채'라고 하는 것은 명백한 사실 왜곡이다. 《임나일본부설은 허구인가》의 목차도 제대로 확인하지 않고 왜 이렇게 사실을 왜곡하고 있는지 도무지 알 수 없다.

'인용문'과 '기술'을 구분하지 못한 항소심 재판부

항소심 재판부에서 ②가 "단순한 허위사실의 적시라고 평가하기 어렵다"는 근거로 제시한 '한 국가가 상대방 국가의 명령을 받아 이를 수행'했다, '상대방 국가의 왕을 섬기기 위해 왕족들을 파견했다', '그들이 부정한 행위를 하였다는 이유로 화형에 처해졌음에도 불구하고 항의를 하거나 보복조치를 취하지 않고 계속해서 왕족들을 파견한' 것을 '사실일 가능성이 높다는 취지로 기술'하였다는 것이 사실인지 살펴보자.

첫째, 항소심 재판부에서 ②가 "단순한 허위사실의 적시라고 평가하기 어렵다"는 근거로 삼고 있으며 '사실일 가능성이 높다는 취지로 기술하였다'는 '한 국가가 상대방 국가의 명령을 받아 이를 수행'했다는 예문으로 제시한 기사는 《임나일본부설은 허구인가》의 '기술'이 아니다. '전부' 임나 문제에 대해서 야마토 정권은 임나와 직접적인 관계가 없고 백제를 통해서만 의사를 전달했다는 예로 인용한 《일본서기》의 기사들이다.

그런데 나는 이미 "'일본서기'에 나오는 '조(調)', '조공사(朝貢使)'라는 표현은 삼국을 속국으로 취급한 표현인데, 당시 야마토 정권과 고구려·신라·백제와의 관계가 대등했다는 점에서, 위와 같은 표현은 당시의 사실관계를 보여주는 것이 아니고 '일본서기' 편자에 의해 윤색되어 있다고 할 수 있다"(1심 판결문)라고 하여 《일본서기》가 삼국을 왜 왕권에 대한 복속을 전제로 하고 있는 표현을 인정하지 않고 있음을 밝혔다.

그리고 "일본 최고 사서인 '일본서기'는 그 명칭조차 분명하지 않고 그 내용에도 문제가 많지만 중요한 역사적 사실도 담고 있는 만큼 그 내용을 믿을 수 없다고만 할 것이 아니라 그 내용을 하나하나 객관적으로 검토하여 날조된 것은 버리고 역사적 사실은 받아들여야 한다"는 요지로 발표했다. "…(중략)… 이제부터라도 '일본서기'에 대한 객관적인 사료 비판을 통해 어떤 것이 사실이고 어떤 것은 작위·윤색되었는지를 밝히고 객관적으로 확인된 사실들을 바탕으로 한반도 남부경영론을 비판해야 할 것이다."(《임나일본부설은 허구인가》45쪽)라고 하여 《일본서기》 기사 중에서 객관적으로 확인된 사실만을 가지고 임나일본부설을 검토해야 한다고 천명했다.

위와 같이 《일본서기》의 삼국을 속국으로 취급하는 표현을 인정하지 않고 객관적으로 확인된 사실만을 인정할 것임을 천명하고 있음에도 불구하고 항소심 재판부는 '한 국가가 상대방 국가의 명령을 받아 이를 수행' 했다는 근거로 제시한 예문들의 바로 앞에 제시되어 있는 "스에마쓰가 근거로 삼는 《일본서기》에 의하는 한 적어도 야마토 정권이 임나를 근거지로 백제와 신라를 간접 지배했다는 설은 성립될 수 없을 것이다", "《일본서기》에는 야마토 정권이 임나에 직접 의사를 전달한 예가 거의 없을 뿐만 아니라 그 의사도 대부분 백제를 통해서 전달하고 있는 것으로 씌어 있다"(《임나일본부설은 허구인가》133쪽)라는 예문들을 제시하는 '목적', 즉 예문의 내용 중에서 어떤 부분을 인정하고 있는지 밝힌 부분을 무시하고 있다.

그리고 예문들의 끝에 재차 제시하고 있는 '야마토 정권이 임나와는 직접적인 관계가 없었다'는 부분만을 인정한다는 것, 즉 예문을 제시한 목적도 무시하고 있다.

위 내용을 보면 야마토 정권은 임나에 대한 의사를 전부 백제를 통해서 전달하고 있다. '그 내용의 사실성 여부는 차치하고' 《일본서기》에 임나 문제에 대해 야마토 정권이 임나에 직접 의사를 전달하는 기록은 거의 없고, 하나같이 백제를 통해서만 의사를 전달한다는 것은 임나 문제에 대하여 야마토 정권은 단순히 백제를 지원하는 위치에 지나지 않았음을 의미한다.(위 책 135~136쪽)

항소심 재판부는 예문들을 '야마토 정권이 직접 임나와 관계가 없다'는 자료로써만 제시했다는 사실을 무시했다. 그리고 나서 예문에서 삼국을 속국으로 취급하고 있는《일본서기》를 인용한 인용문의 표현을 '사실일 가능성이 높다는 취지로 기술하였다'고 하여 ② "백제는 야마토 정권의 속국·식민지이고, 야마토 정권이 백제를 통해 한반도 남부를 통치했다"는 주장이 "단순한 허위사실의 적시라고 평가하기 어렵다"는 근거로 삼고 있다. '인용문'과 '기술'을 구분하지 못하고 있는 것이다.

둘째, 항소심 재판부가 ②가 "단순한 허위사실의 적시라고 평가하기 어렵다"는 근거로 삼고 있으며 '사실일 가능성이 높다는 취지로 기술하였다'는 '상대방 국가의 왕을 섬기기 위해 왕족들을 파견'했다는 예문을 보자. 이것도 전부《일본서기》를 인용한 '인용문'이지《임나일본부설은 허구인가》의 '기술'이 아니다.

먼저 재판부는 그 인용문의 다음에 제시되어 있는 '상대방 국가의 왕을 섬기기 위해 왕족들을 파견'했다는 부분 중 '섬기기 위해'라는 표현을 인정하지 않고 있다는 부분은 생략한 채 지문으로 인용한 '상대방 국가의 왕을 섬기기 위해 왕족들을 파견'했다는 것을 김현구의 '기술'로 왜곡했다.

> 그러나 백제 왕족들이 일본 천황을 '섬기기' 위해서 파견되었다는 것
> 은 倭왕권에 대한 백제의 복속을 전제로 하고 있는 표현이다. 그러
> 나 당시 백제와 야마토 정권은 대등한 관계에 있었다. 따라서 백제
> 왕족들이 '도일'한 참 목적은 다른 데 있었다고 생각된다.(김현구,《고
> 대한일교섭사의 諸問題》, 169쪽)

재판부는 인용문의 '섬기기 위해'라는 표현을 '사실일 가능성
이 높다는 취지로 기술하였다'고 하여 ② "백제는 야마토 정권의
속국·식민지이고, 야마토 정권이 백제를 통해 한반도 남부를 통치
했다"는 주장이 "단순한 허위사실의 적시라고 평가하기 어렵다"
는 근거로 삼고 있다. 이 또한 '인용문'과 '기술'을 구분하지 못한
것이다.

셋째, 항소심 재판부가 ②가 "단순한 허위사실의 적시라고 평
가하기 어렵다"는 근거로 삼고 있으며 '사실일 가능성이 높다는 취
지로 기술하였다'는 '그들이 부정한 행위를 하였다는 이유로 화형
에 처해졌음에도 불구하고 항의를 하거나 보복조치를 취하지 않
고 계속해서 왕족들을 파견하였다'는 예문도《일본서기》를 인용
한 '인용문'이지《임나일본부설은 허구인가》의 '기술'이 아니다.

항소심 재판부는 인용문 중 "천황이 지진원을 취하려 했는데 이시카와노 타테와 관계를 맺었으므로 화형에 처하였다"라는 부분이 백제 왕녀의 혼인 상대가 일본 천황이라는 자료로써만 제시됐다는 사실을 생략했다. 그리고 이것을 《임나일본부설은 허구인가》의 '기술'로 하여 ②가 "단순한 허위사실의 적시라고 평가하기 어렵다"는 근거로 삼고 있다.

먼저 예문의 바로 뒤에 《일본서기》의 인용문이라는 표시인 '(유우랴쿠천황 2년[475]7월조)'가 제시되어 있음에도 생략함으로써(판결문 13쪽 12행, 이 책의 부록 212쪽 18행) 예문을 《임나일본부설은 허구인가》의 '기술'인 것처럼 왜곡하고 있다. 그리고 예문의 바로 앞에 제시되어 있는 "그들의 혼인 상대가 누구였는지는 기록이 없어서 알 수 없다. 그러나 선진국에서 건너간 왕녀의 신분이었던 그들의 혼인 상대가 누구였는가는 쉬이 짐작할 수 있다"라는 인용문을 제시한 목적, 즉 예문이 '백제 왕녀들의 혼인 상대가 일본 천황'이었다는 자료로써만 제시됐다는 사실을 생략해버렸다. 그리고 예문의 삼국을 속국으로 취급하고 있는 《일본서기》를 인용한 인용문의 표현을 '사실일 가능성이 높다는 취지로 기술'한 것으로 왜곡하여 ②가 "단순한 허위사실의 적시라고 평가하기 어렵다"는 근거로 삼고 있는 것이다. 이 역시 '인용문'과 '기술'을 구분하지 못한 결과이다.

'그 사실성 여부는 차치하고서'라고 한 것도 "천황이 지진원을 취하려 했는데 이시카와노 타테와 관계를 맺었으므로 화형에 처하였다" 중에서 백제 왕녀의 혼인 상대가 일본 천황이라는 것만 사실로 받아들이고 나머지 내용들은 본질과 무관하므로 '내버려두고 여기서는 문제 삼지 않는다'는 의미로 말한 것이다. "'일본서기'는 …그 내용을 하나하나 객관적으로 검토하여 날조된 것은 버리고 역사적 사실은 받아들여야 한다. …(중략)… 이제부터라도 '일본서기'에 대한 객관적인 사료 비판을 통해 어떤 것은 사실이고 어떤 것은 작위·윤색되었는지를 밝히고 객관적으로 확인된 사실들을 바탕으로 한반도 남부경영론을 비판해야 할 것이다"라는 나의 견해를 전제로 한 것이다. 그런데 이것이 어떻게 ②"백제는 야마토 정권의 속국·식민지이고, 야마토 정권이 백제를 통해 한반도 남부를 통치했다"는 주장이 "단순한 허위사실의 적시라고 평가하기 어렵다"는 근거가 될 수 있는지 의문이다.

항소심 재판부의 판결은 어떤 의미에서는 《임나일본부설은 허구인가》에 대한 판결이 아니라 《일본서기》에 대한 판결이라고 할 수 있다. 지문으로 제시된 《일본서기》의 기사에 대한 《임나일본부설은 허구인가》의 견해는 제쳐둔 채 자의적으로 해석한 다음 이를 《임나일본부설은 허구인가》의 '기술'로 뒤집어 씌워 ②가 "단순한 허위사실의 적시라고 평가하기 어렵다"는 근거로 삼고 있는 것이다.

이덕일의 주장은 단순한 허위사실의 적시가 아니라 '해석' 또는 '평가'인가?

항소심 재판부는 이덕일이 김현구의 책 중 일부분을 그대로 '인용'한 다음 이를 근거로 자신이 내린 '해석' 또는 '평가'를 이어가는 형식을 취하고 있으므로(판결문 14~16쪽, 이 책의 부록 214쪽 4~9행) 이덕일의 주장은 허위사실의 적시가 아니라 '해석' 또는 '평가'라는 판결을 내리고 있다. 그 예로 이덕일이 《임나일본부설은 허구인가》에 언급되어 있는 야마토 정권과 한반도 각국과의 사신의 왕래 횟수에 대해서 인용한 다음을 근거로 '김현구가 삼국이 왜의 속국이라고' 주장한 사실을 들고 있다.

그 내용을 요약하여 제시하면 아래와 같다.

"…야마토 정권은 신라·고구려에 사신을 전혀 파견하지 않은 반면 신라·고구려는 사자를 파견했다는 것은 무슨 논리인가. 야마토 정권이 신라·고구려로부터 조공을 받는 상국이란 뜻이다", "야마토 정권은 백제에 15회에 걸쳐서 사신을 보냈는데, 백제는 무려 24회에 걸쳐서 사신을 보냈다고 쓰고 있다…이것도 자주 조공을 바친 백제가 야마토 정권의 속국이라는 이야기다", "야마토 정권은 전후 5회에 걸쳐 한반도에 원군 내지는 인부들을 파견하고 있는데 그 특징은 전부 백제를 위해 파견했다는 것이다…"(판결문 15~16쪽, 이 책의 부록 214쪽 10행~216쪽 5행)

《임나일본부설은 허구인가》는 《일본서기》에 보이는 야마토 정권과 다른 나라들과의 사신 교환 횟수를 제시한다. "'일본서기'에 보이는 야마토 정권과 한반도 각국의 인적·물적 교류가 전부 역사적 사실을 그대로 반영한다고 보진 않으나, 그 빈도는 적어도 그 관계의 얕고 깊음을 보여주는 척도로써 의미가 있을 수 있다. 교류가 많은 것으로 기록된 나라가 적었던 나라보다는 그 관계가 깊었다고 할 수 있다는 말이다."《임나일본부설은 허구인가》132쪽 1~5행) 즉 '그 관계의 얕고 깊음을 보여주는 척도'의 의미로써만 야마토 정권과 다른 나라들과의 사신 교환 횟수를 인용했음을 밝히고 있는 것이다.

그럼에도 불구하고 항소심 재판부는 '그 관계의 얕고 깊음을 보여주는 척도'로써만 사용한다는 단서를 생략한 채, 지문으로 인용한 《일본서기》에 보이는 사신의 횟수를 김현구의 뜻이 담긴 기술로 하여 "야마토 정권은 신라·고구려에 사신을 전혀 파견하지 않은 반면 신라·고구려는 사자를 파견했다는 것은 무슨 논리인가. 야마토 정권이 신라·고구려로부터 조공을 받는 상국이란 뜻이다"(판결문 14쪽), "야마토 정권은 백제에 15회에 걸쳐서 사신을 보냈는데, 백제는 무려 24회에 걸쳐서 사신을 보냈다고 '쓰고' 있다…이것도 자주 '조공을 바친' 백제가 야마토 정권의 속국이라는 이야기이다"(판결문 15쪽 21행~16쪽 1행, 이 책의 부록 215쪽 9~10행)라고 왜곡하고 있는데 이것이 어떻게 '해석'이나 '평가'라는 말인가.

'해석'이나 '평가'라는 것은 상대방이 제시한 사실에 대한 견해를 의미한다. 그런데 자료를 제시한 목적 즉, '그 관계의 얕고 깊음을 보여주는 척도'로 인용했다는 설명은 생략한 채, '그 관계의 얕고 깊음을 보여주는 척도'로써 갖는 의미와는 무관하게 논리적 비약을 저질렀다. 즉 삼국을 속국으로 취급하고 있는《일본서기》'인용문'에 나오는 '조공' 등의 표현을 들어 "야마토 정권이 신라·고구려로부터 조공을 받는 상국이란 뜻이다", "자주 '조공을 바친' 백제가 야마토 정권의 속국이라는 이야기이다"(《임나일본부설은 허구인가》에는 '조공'이라는 표현은 있지도 않다)라고 허위사실을 날조하는 것이 어떻게 '해석'이나 '평가'인가? 항소심 재판부는 거두절미하고 일부분만 인용하여 사실을 왜곡하거나 '인용문'을 '기술'로 바꿔 허위사실을 날조한 행위를 '해석'이나 '평가'와 구분하지 못하고 있는 것이다. '인용'과 '해석'이라는 형식을 빌려 날조한 허위사실을 그대로 인정하고 있는 것이다.

항소심 재판부는 "김현구는 표면적, 총론적인 측면에서는 야마토 정권과 백제가 용병관계 등 대등한 관계에 있는 것처럼 기술하였으나, 실질적, 각론적인 측면에서는 마치 백제가 야마토 정권의 식민지나 속국인 것과 같이 기술함으로써"(판결문 14쪽, 이 책의 부록 213쪽 5~8행)라고 하는데, 각론이 모여서 총론이 되는 것인데 재판부는 각론과 총론이 반대로 되어 있는 책을 본 적이 있는지 묻고 싶다. 항소심 재판부가 이야기하는 각론이라는 것은 전부 김현구가 스에마쓰의 임나일본부설을 비판하기 위해서 스에마쓰가 임나일본부설의 근거로 삼고 있는 《일본서기》의 관계기사를 지문으로 제시한 인용문들이다.

삼국을 속국으로 취급하고 있는 《일본서기》를 인용한 인용문을 '사실일 가능성이 높다는 취지로 기술'했다고 왜곡한 다음, 이를 근거로 "실질적, 각론적인 측면에서는 마치 백제가 야마토 정권의 식민지나 속국인 것과 같이 기술함으로써"라는 판결을 내리고 있는 것이다. '인용'과 '해석'이라는 형식에 매몰되어 인용문에 대한 자의적인 규정을 해석이나 평가로 왜곡하여 ②가 "단순한 허위사실의 적시라고 평가하기 어렵다"는 근거로 삼고 있다.

이는 항소심 재판부가 스스로 제시한 "어떤 글의 취지를 판단할 때에는 글의 특정한 부분에 사용된 문구나 문장만을 따로 떼어내어 그 부분의 의미에만 매몰되어 해석할 것이 아니라 그 문구나 문장을 전후하여 전개된 논리의 흐름과 그 전반적인 맥락, 저자의 집필의도 등을 종합하여 글의 전체적인 취지를 이해하려고 하여야 한다"(판결문 7쪽)는 원칙을 스스로 부정함으로써 항소심 재판부의 판결이 자신들이 제시한 원칙에 어긋나고 있음을 스스로 인정한 것이다.

항소심 재판부의 논리대로 한다면 스에마쓰의 임나일본부설을 반박하기 위해서라도 스에마쓰 임나일본부설이 근거로 삼고 있는《일본서기》를 인용하면 삼국을 왜의 속국으로 인정하는 식민사학자가 되고 만다. 이는 스에마쓰 식민사학에 대한 반박 연구에 재갈을 물리는 것과 같다. 항소심 재판부의 이런 판결이 무엇을 의미하는지 되묻고 싶다. 이런 판결을 환영할 사람들이 누구이겠는가? 일제와 식민사학의 앞잡이들밖에 더 있겠는가? 임나일본부설 연구에 재갈을 물린 판결을 받아낸 이덕일은 식민사학 앞잡이로써의 임무를 충실히 수행한 것이다.

어떤 면에서 이 사건의 판단은 아주 단순하다.

① "임나일본부설이 사실이다", ② "백제는 야마토 조정의 속국·식민지이고, 야마토 조정이 백제를 통해 한반도 남부를 통치했다", ③ "일본서기를 사실로 믿고, 스에마쓰 야스카즈의 임나일본부설을 비판하지 않고 있다"라고 기술한 내용이《임나일본부설은 허구인가》에 존재하는가의 여부를 확인하는 사실 판단의 문제이다.

1심 판결문은 누구나 한번 읽어보면 금방 이해할 수 있다. 이덕일이 《우리 안의 식민사관》에서 《임나일본부설은 허구인가》에 기술되어 있다고 주장한 ①, ②, ③은 《임나일본부설은 허구인가》에 존재하지 않는다고 판시한 것이다. 누구나 이해하기 쉽게 간단명료하다. 그러나 항소심 판결문은 도대체 무슨 뜻인지 명쾌하게 이해되지 않는다. 왜 쉽게 이해되지 않을까?

항소심 재판부는 사건의 핵심 쟁점인 '임나일본부설'의 본질도 정확히 이해하지 못하고 있을 뿐만 아니라 '임나일본부'의 사전적 의미를 배제하고 자의적으로 학계에 존재하지도 않는 의미로 규정했다. 지역의 명칭인 '임나'를 통치의 주체로 하고, 《일본서기》에서 삼국을 속국으로 취급하고 있다는 내용을 지문으로 제시한 '인용문'을 '기술'로 받아들였다. 이를 바탕으로 항소심 재판부는 이덕일이 "스에마쓰의 임나일본부설을 모두 사실이라고 주장하였다고 단언하기는 어렵다"든가, "단순한 허위사실의 적시라고 평가하기 어렵다"는 애매한 표현으로 ①, ②, ③에 대한 임무영 검사의 공소사실이 입증되지 않았다고 결론 내린 것이다. 그러나 《임나일본부설은 허구인가》를 읽어본 사람이 정상이라면 과연 누가 ①, ②, ③이 사실이라고 인정하겠는가?

《임나일본부설은 허구인가》에 존재하지도 않는 ①, ②, ③을 '그런 의미의 것이라도' 존재한다고 하려다 보니 지문으로 제시한 《일본서기》의 기사를 《임나일본부설은 허구인가》의 기술로 하고, 핵심 용어에 대한 정의도 사전적 의미를 배제하고 다시 자의적으로 규정하고, 학설을 계량화했다. 따라서 궁색하게 "김현구는 표면적, 총론적인 측면에서는 야마토 정권과 백제가 용병관계 등 대등한 관계에 있는 것처럼 기술하였으나, 실질적, 각론적인 측면에서는 마치 백제가 야마토 정권의 식민지나 속국인 것과 같이 기술함으로써"라는 등 이해하기 어렵고 애매한 표현으로 장황한 부연설명을 하지 않을 수 없게 된 것이 아닐까?

30여 년간 대학에서 강의를 하고 답안지를 채점해온 경험으로 보건대, 정답은 항상 간단명료하고 논리적이지만 정곡을 찌르지 못하는 답은 이해하기 어려운 장광설로 되어 있다. 답이 아닌 답을 답이라고 설명하려니까 이해가 되지 않는 설명을 장황하게 늘어놓게 되는 것이다. 정답은 항상 간단명료하다. 본 사건은 ①, ②, ③이《임나일본부설은 허구인가》에 존재하느냐 존재하지 않느냐를 따지는 사실 확인의 문제일 뿐이다.

'형식'에 매몰되어
내용을 무시한 대법원 판결

상고심은 김창석 재판부에 배정되었다. 상고심 재판부는 2017년 5월 11일, 다음과 같이 이덕일에게 무죄판결을 내렸다.

피해자가 ① "임나일본부설이 사실이다", ② "백제는 야마토 조정의 속국·식민지이고, 야마토 정권이 백제를 통해 한반도 남부를 통치했다"고 주장했다고 기술하고, ③ "일본서기를 사실로 믿고, 스에마쓰 야스카즈의 임나일본부설을 비판하지 않고 있다"고 기술함으로써….
위 ①, ②, ③ 부분은 겉으로는 증거에 의해 입증 가능한 구체적인 사실관계를 서술하는 형태를 취하고 있어 그 부분만을 놓고 보면 사실의 적시로 오인될 소지가 없지 않으나, 이 사건 책(이덕일의 《우리 안의 식민사관》)은 피고인이 그 머리말에서 밝히고 있는 것과 같이 식민사관에 대한 비판을 목적으로 집필되었고 시종일관 위와 같은 시각에서 기존 주류사학계의 연구성과를 비판하는 내용으로 전개되는 점, 위 ①, ②, ③ 부분은 피해자 책의 특정부분을 인용한 후 그 부분의 논리구조를 설명하거나 피해자의 책의 내용을 요약한 다음 이에 대한 피고인의 해석을 제시하고, 여기에 피고인 나름대로의 비판적 평가를 덧붙이는 서술체계를 취하고 있는 점 등과 이 사건 책 및 피해자 책의 전체적인 내용 등을 종합하여 볼 때, 이 사건 책을 읽게 될 평균적인 독자의 관점에서 보면 위 ①, ②, ③ 부분은 피고인이 이 사건 책의 다른 부분에서 제시하고 있는 것과 같은 자료 내지 논증을 근거로 하여, 피해자는 임나의 지배 주체가 백제라고 주장하였지만 그 밖에는 스에마쓰 야스카즈의 임나일본부설과 일본서기의 내용을 대부분을 사실로 받아들였고, 표면적으로는 백제와 야마토 조정이 대등한 관계에 있는 것처럼 기술하였으나 실질적으로는 백제가 야마토 조정의 속국인 것처럼 묘사하였으므로, 결과적으로 야마토 조정이 한반도 남부를 통치했다는 임나일본부설이 사실이라고 주장한 것과 다름이 없다'는 취지의 피고인의 주장을 함축적이고 단정적인 문장으로 서술한 것으로 피고인의 주관적인 의견에 해당하고, 다만 피고인이 위 의견을 강조하기 위한 수단으로 그와 같은 표현을 사용한 것이라고 이해된다고 할 것이다.…

원심은 (①, ③ 부분에 관하여는 이 사건 책에서 기술한 내용의 전체적인 취지가 공소사실의 기재와 같지 않다거나, 이 사건 책에서 기술한 내용이 허위사실이 아니라거나 위 ①, ③ 부분을 공소사실 기재와 같이 해석하더라도 이는 피해자 책에 대한 피고인의 의견 또는 평가를 밝힌 것이라는 이유로, 위 ② 부분에 관하여는 이를 피해자 책에 숨겨진 이면의 논리에 대한 피고인의 가치판단과 평가를 내용으로 하는 의견표명에 해당한다는 이유로 제1심 판결을 파기하고, 피고인에 대하여 무죄를 선고하였다.) 원고의 이유 설시에 다소 미흡한 점은 없지 않으나, 피고인에 대하여 출판물에 의한 명예훼손죄가 성립하지 않는다고 판단한 결론은 정당하고 ….(판결문 3~4쪽, 이 책의 부록 228쪽 9행~230쪽 8행)

①, ②, ③은 사실의 적시가 아니라 주관적 의견에 해당된다고 말하는 상고심 재판부

먼저 상고심 재판부는 "특정 부분을 인용한 후 그 부분의 논리구조를 설명하거나 피해자의 책의 내용을 요약한 다음 이에 대한 피고인의 해석을 제시하고, 여기에 피고인 나름대로의 비판적 평가를 덧붙이는 서술체계를 취하고 있"기 때문에 '피고인의 주관적인 의견에 해당'한다는 판단을 내리고 있다. 요는 형식적인 측면에서 볼 때 '인용'을 하고 그에 대한 '평가'를 한 것이기 때문에 사실의 적시가 아니라 '피고인의 주관적인 의견에 해당'한다는 것이다.

나는 이미 사료 비판을 통해서 《일본서기》의 '삼국이 왜 왕권에 복속되었다는 전제를 인정하지 않고 있음을 밝히고 있고', 《일본서기》는 그 내용에도 문제가 많지만 중요한 역사적 사실도 담고 있는 만큼 객관적인 사료 비판을 통해 어떤 것은 사실이고 어떤 것은 작위·윤색되었는지 밝히고 객관적으로 확인된 사실들만을 가지고 임나일본부설을 검토해야 할 것'이라고 천명했다.

그런데 이덕일의 '인용'은 하나 같이 《임나일본부설은 허구인가》의 '기술'이 아니라 스에마쓰가 임나일본부설의 근거로 삼고 있는 《일본서기》를 비판하기 위해서 내가 지문으로 인용한 《일본서기》의 기사들이다. 이덕일은 인용문의 전후에 제시되어 있는 예문들을 제시하는 '목적', 즉 그 예문의 기사 중에서 어떤 부분을 인정하는가를 밝힌 부분을 생략한 채, 《일본서기》를 인용한 '인용문'을 재'인용'하면서 이를 《임나일본부설은 허구인가》의 '기술'

로 왜곡하고 있다.

따라서 "인용한 후 그 부분의 논리구조를 설명하거나 피해자의 책의 내용을 요약한 다음 이에 대한 피고인의 '해석'을 제시하고, 여기에 피고인 나름대로의 비판적 '평가'를 덧붙이"고 있다는 것도 《임나일본부설은 허구인가》의 '기술'에 대한 '해석'이나 '평가'가 아니라 지문으로 인용한 《일본서기》 기사에 대한 '해석'이고 '평가'이다.

《임나일본부설은 허구인가》에 대한 '해석'이나 '평가'가 아니라 지문으로 인용한 《일본서기》의 기사에 대한 '해석'이나 '평가'를 근거로 한 ①, ②, ③이 허위사실의 적시가 아니라는 판결을 누가 인정할 수 있겠는가? 상고심 재판부의 판결은 '인용'과 '평가'라는 형식에 매몰되어 '인용문'에 대한 '해석'과 '평가'를 《임나일본부설은 허구인가》에 대한 '해석'과 '평가'로 오해한 결과이다.

'주관적 의견'과 '허위사실 날조'를 구분 못하는 재판부

상고심 재판부는 위 판결문에서 '야마토 조정이 한반도 남부를 통치했다는 임나일본부설이 사실이라고 주장한 것과 다름이 없다'가 '논증을 통한 '주관적인 의견'에 해당한다는 근거로써 두 가지를 들고 있다.

첫째, 가)"피해자는 임나의 지배 주체가 백제라고 주장하였지만 그 밖에는 스에마쓰 야스카즈의 임나일본부설과 일본서기의 내용 대부분을 사실로 받아들였고"에 대해 따져보자. 항소심 재판부가 "스에마쓰가 주장하는 임나일본부설의 핵심은 '①임나의 위치(한반도 남부), ②임나의 존속기간(서기 369년부터 562년까지), ③임나의 지배 대상(가야), ④역사적 근거(《일본서기》), ⑤임나의 지배 주체(야마토 정권)'로 요약될 수 있는데, 김현구는 자신의 책에서 위 5가지 핵심요소 중 지배 주체 부분만 부정하고 나머지 부분은 전체적으로 스에마쓰의 견해를 따르고 있다"(8쪽)라고 지적한 사실을 의미하는 것이라고 생각된다. 이에 대해서는 앞에서 충분히 설명했듯이 임나일본부설의 핵심이 무엇인지도 모른 채 학설을 계량화하여 평가하고, 학계의 일반론을 스에마쓰의 주장으로 왜곡한 결과일 뿐이다.

둘째, '논증'을 통해서 밝혔다는, 나)"표면적으로는 백제와 야마토 조정이 대등한 관계에 있는 것처럼 기술하였으나 실질적으로는 백제가 야마토 조정의 속국인 것처럼 묘사하였으므로"에서도 "실질적으로는 백제가 야마토 조정의 속국인 것처럼 묘사하였으므로"라는 것은 《임나일본부설은 허구인가》의 '기술'이 아니라 삼국을 속국으로 취급하고 있는 《일본서기》의 기사를 인용한 것을 이덕일이 재인용하면서 《임나일본부설은 허구인가》의 '기술'로 왜곡한 것들이다.

'삼국을 속국으로 취급'하고 있는 《일본서기》를 '재인용'하여 《임나일본부설은 허구인가》의 '기술'로 왜곡한 것이기 때문에 '백제가 야마토 조정의 속국인 것처럼' 보이는 것이지 《임나일본부설은 허구인가》의 기술에는 어디에도 '백제가 야마토 조정의 속국인 것처럼' 되어 있는 곳이 없다. 상고심 재판부는 '논증'이라는 형식에 매몰되어 인용문을 기술로 왜곡하여 허위사실을 날조하고 있는 것을 '논증'으로 오해한 것이다. 《임나일본부설은 허구인가》에서 지문으로 인용한 《일본서기》의 기사를 제외하고 어디에 "실질적으로는 백제가 야마토 조정의 속국인 것처럼 묘사"한 것이 있다는 말인가? 상고심 재판부가 말하는 '논증을 통한 주관적인 의견'의 '논증'이라는 것은 '인용문'을 '기술'로 왜곡하는 과정으로써 '주관적인 의견'이 아니라 허위사실의 날조일 뿐이다.

상고심 재판부는 이덕일이 '논증'을 통해서, 가) "피해자는 임나의 지배 주체가 백제라고 주장하였지만 그 밖에는 스에마쓰 야스카즈의 임나일본부설과 일본서기의 내용을 대부분을 사실로 받아들였고", 나) "표면적으로는 백제와 야마토 조정이 대등한 관계에 있는 것처럼 기술하였으나 실질적으로는 백제가 야마토 조정의 속국인 것처럼 묘사하였으므로"라는 두 가지 사실을 논증하고 있으므로 "결과적으로 야마토 조정이 한반도 남부를 통치했다는 임나일본부설이 사실이라고 주장한 것과 다름이 없다는 취지의 피고인의 주장을 함축적이고 단정적인 문장으로 서술한 것으로 피고인의 주관적인 의견에 해당하고"라고 하여 ①, ②, ③이 허위사실의 적시가 아니라 '주관적인 의견'일 뿐이라고 하여 면죄부를 주고 있다.

그러나 가) "피해자는 임나의 지배 주체가 백제라고 주장하였지만 그 밖에는 스에마쓰 야스카즈의 임나일본부설과 일본서기의 내용을 대부분을 사실로 받아들였고"라고 하는 것은 임나일본부설의 핵심이 무엇인지도 모르고, 학계의 일반론을 스에마쓰설의 핵심으로 왜곡하여 허위사실을 날조한 결과일 뿐이다.

그리고 나) "표면적으로는 백제와 야마토 조정이 대등한 관계에 있는 것처럼 기술하였으나 실질적으로는 백제가 야마토 조정의 속국인 것처럼 묘사하였으므로"라고 하는 것은 '인용문'을 '기술'로 왜곡하여 날조한 허위사실이다.

위와 같은 잘못된 판단을 근거로 2심에 대해서 "원고의 이유 설시에 다소 미흡한 점은 없지 않으나, 피고인에 대하여 출판물에 의한 명예훼손죄가 성립하지 않는다고 판단한 결론은 정당하다"는 판결을 내리고 있다.

상고심 재판부의 원심 확정은 단순히 이덕일에게 면죄부를 주고 있을 뿐만 아니라 식민사학의 앞잡이가 존재감을 과시하고 대중을 선동하기 위해서 근거도 없이 사학계를 매도하고 있는 행위에 법적 정당성을 부여한 셈이다. 그리고 식민사학의 극복을 위해서 평생을 받쳐온 한 역사학자를 졸지에 식민사학자로 낙인찍어버린 것이다. 한국 사회에서 식민사학자라는 주홍글씨로 낙인 찍혀 살아가게 될 가족과 자손들이 겪게 될 고통과 일제 침략에 대항해서 교육구국이라는 이념 아래 설립된 고려대학교가 30여 년간 식민사학자에게 교육을 허용했다는 불명예, 임나 문제로 치열한 논쟁의 중심에 섰고 식민사학의 극복을 위해서 평생 노력한 한 학자를 오히려 식민사학자로 낙인 찍어버리는 한국 사회를 어떻게 바라봐야 할까?

소송을 마치며

2017년 5월 11일 대법원이 이덕일에 대한 무죄판결을 내림으로써 2014년 10월부터 시작된 약 2년 6개월에 걸친 명예훼손소송은 끝이 났다.

사실 이 소송은 간단하다.

이덕일은 2014년에 출간한 《우리 안의 식민사관》을 통해 김현구가 《임나일본부설은 허구인가》에서 ① "임나일본부설이 사실이다", ② "백제는 야마토 조정의 속국·식민지이고, 야마토 조정이 백제를 통해 한반도 남부를 통치했다"고 주장했다고 기술하고, ③

"일본서기를 사실로 믿고, 스에마쓰 야스카즈의 임나일본부설을 비판하지 않고 있다"라고 기술했다. 그리고 이를 근거로 '일본 극우파의 시각에 동조하여 나라를 팔아먹은 이완용과 같은 매국행위를 했다'고 주장했다. 이에 대해서 나는 위 ①, ②, ③은 허위사실이고 이런 허위사실을 근거로 '나라를 팔아먹은 이완용과 같은 매국행위를 했다'고 매도함으로써 명예를 훼손당하였다고 하여 고소를 한 것이다. 따라서 본 사건의 핵심은 과연 《임나일본부설은 허구인가》에 이덕일의 주장대로 ①, ②, ③이 존재하느냐의 여부에 달려 있다.

본 사건에 대해서 공소를 제기한 서울고등검찰청의 기소통지서와 징역 6월 집행유예 2년을 선고한 1심 재판부의 판결문은 간단명료하다. 이덕일이 《우리 안의 식민사관》에서 《임나일본부설은 허구인가》에 기술되어 있다고 주장한 ①, ②, ③은 《임나일본부설은 허구인가》에 존재하지 않는다. 그러므로 '나라를 팔아먹은 이완용과 같은 매국행위를 했다'고 매도한 것은 명예를 훼손했다는 것이다. 누가 읽어도 금방 이해되는 내용이다.

그러나 서울서부지방검찰정의 불기소 통지서나 이덕일에게 무죄를 선고한 항소심 재판부와 대법원 상고심 재판부의 판결문은 《임나일본부설은 허구인가》에 ①, ②, ③은 기술되어 있지 않지만 여러 가지 사실로 보아 '허위사실'이라고 단언하기 어렵다는 취지이다. 허위사실이라고 단언하기 어렵다는 근거로 제시한 '여러 가지 사실'이라는 것은 대부분 《임나일본부설은 허구인가》의 기술이 아니라 스에마쓰의 임나일본부설을 반박하기 위해서 인용한 《일본서기》의 표현을 가지고 날조한 허위사실이다. 지문으로 제시한 《일본서기》 기사를 《임나일본부설은 허구인가》의 기술로 하려니 간명하게 설명하지 못하고 문장을 몇 번씩이나 돌려서 표현하고 있기 때문에 일반인들은 무슨 말을 하고 있는지 알 수 없게 되어 있다.

식민사학의 표상이라고 할 수 있는 '고대에 왜가 약 200년 간 임나를 직접 지배하고 백제와 신라를 간접 지배했다'는 스에마쓰의 임나일본부설은 주로 삼국을 속국으로 취급하고 있는 《일본서기》를 근거로 하고 있다. 따라서 스에마쓰의 임나일본부설을 반박하기 위해서 《임나일본부설은 허구인가》는 스에마쓰가 임나일본부설의 근거로 삼고 있는 《일본서기》의 관계 기사를 하나하나 제시하면서 임나일본부설을 반박하고 있다.

그런데 서울서부지방검찰청의 불기소 통지서나 항소심 재판부와 상고심 재판부는 《임나일본부설은 허구인가》가 스에마쓰의 임나일본부설을 반박하기 위해서 지문으로 인용한 삼국을 속국으로 취급하고 있는 《일본서기》의 기사를 나의 뜻이 담긴 기술로 하여, 《임나일본부설은 허구인가》에 ①, ②, ③은 없지만 '삼국을 속국으로 취급하고 있는 기술'로 보아 ①, ②, ③이 허위사실이라고 단언하기 어렵다는 취지의 판결을 내린 것이다.

어떤 면에서는 《임나일본부설은 허구인가》의 '기술'에 대한 판결이 아니라 삼국을 속국으로 취급하고 있는 지문으로 제시한 《일본서기》를 인용한 '인용문'에 대한 판결인 셈이다. 이런 판결을 내리기 위해서 재판부는 핵심 쟁점인 '임나일본부'의 사전적 의미를 배제하고 자의적으로 규정하고, 학계에 존재하지도 않는 '임나의 영역' 등을 날조하여 '임나일본부설의 핵심'으로 규정한 다음 '임나일본부설'을 계량화하는 등 상식적으로 이해하기 어려운 수단을 동원했다.

서울서부지방검찰청의 불기소나 항소심 재판부와 상고심 재판부의 논리대로 한다면 삼국을 속국으로 취급하고 있는 《일본서기》를 인용하기만 해도 식민사학자가 되고 만다. 이는 마르크스를 비판하기 위해서 마르크스의 이론을 인용하는 사람을 마르크스주의자라고 하는 것이나 다름없고, 임나일본부설에 대한 반론에 재갈을 물리는 것이기도 하다. 국가적 관점에서 본다면 이적행위라고 할 수 있는 이런 판결을 사실 관계를 왜곡하면서까지 내린 이유를 알 수 없다. 아마도 역사에서 두고두고 회자될 것이다. 이런 판결을 받아낸 이덕일과 조력자들은 식민사학 앞잡이 역할을 훌륭히 수행했다고 할 수 있겠다.

납득할 수 없고 안타까운 판결이지만 법적으로는 끝이 났다. 그러나 중고등학교 학생 정도의 독해력을 갖고 있는 사람이 《임나일본부설은 허구인가》를 읽어본다면 사법부 판결의 옳고 그름을 쉽게 판단할 수 있다고 생각한다. 이덕일의 행위와 사법부의 판결을 역사가 판단할 수 있도록 역사의 기록으로 남겨놓는다. 그 판단은 독자의 몫이고, 역사의 몫이고, 한국의 몫이다.

미발표 성명서

2심에서 무죄가 선고되었지만 이덕일의 주장이 명명백백한 허위사실이고 항소심 재판부의 판결이 핵심 쟁점인 '임나일본부'의 사전적 의미를 배제하여 자의적으로 규정하고, '인용문'을 '기술'로 하고 학설을 계량화하는 등 너무나 황당하다고 생각했기 때문에 상고심에서는 바로잡아질 것이라고 확신하고 있었다. 언론에서도 적지 않은 관심을 가지고 있었기 때문에 대법원 판결이 끝나면 언론에 발표할 성명서를 준비했다. 그러나 대법원의 무죄판결로 준비한 성명서는 미발표 성명서가 되어버렸다. 여기에 당시 준비하고 있던 성명서를 소개한다.

역사를 사랑하는 분들께 고합니다

본인은 지난 30여 년간 국가적 과제인 스에마쓰의 임나일본부설을 극복하기 위해서 연구에 정진해 왔습니다. 그 결과 임나일본부라는 왜의 한반도 통치기구는 존재하지도 않았으며, 임나를 지배한 것은 왜가 아니라 백제였고, 백제는 왜에게 선진문물을 제공하고 왜는 백제에게 군원을 제공하는 특수한 용병관계에 있었음을 밝혔습니다.

그럼에도 불구하고 이덕일은 2014년 출판한《우리 안의 식민사관》에서 본인의 저서《임나일본부설은 허구인가》에 대해서 그 내용과는 전혀 상반되게, ① "임나일본부가 실제로 한반도 남부를 지배했다고 '쓴' 인물이다"(제338쪽), ②"김현구는 백제를 야마토 조정의 속국이라고 '주장'한다"(제345쪽), ③"스에마쓰 야스카즈의 임나일본부설을 비판하지 않고 있다"(제339쪽)라는 허위사실을 적시하여 고소인을 완전히 스에마쓰설을 추종하는 식민사학자로 단정했습니다. 이를 근거로 Ⓐ"김현구 같은 매국·매사 논리"(제347쪽), Ⓑ"김현구는 …(중략)… 일본 유학만 갔다 오면 친일을 넘어서 매국까지 나아가는 신기한 행태를 반복하고 있다"(제352쪽), Ⓒ"한국의 역사를 팔아서 학위를 얻은 김현구 씨의 소생을 구한말의 이완용 일파의 매국행위에 비유하는 것은 지나친 비유일까"(352쪽)라고까지 하면서 매도하였습니다. 스에마쓰의 임나일본부설을 극복하기 위해서 평생을 받쳐온 한 학자를 졸지에 나라를 팔아먹은 식민사학자요 매국노로 낙인찍어버린 것입니다.

이덕일은 "식민사학자라고 비판받는 역사학자들 이외에 한국 학자들 중에서 '임나'의 위치를 가야의 그것으로 비정하는 학자는 없다고 해도 과언이 아닙니다"라고 하여 임나를 가야로 비정하는 모든 역사학자들을 식민사학자로 매도하는 황당한 짓을 일삼고 있습니다. 이덕일은 그의 저서 《우리 역사의 수수께끼》 22쪽에서 "한반도에 있었던 왜가 백제와 신라를 영향력 아래 두고 고구려의 남하정책에 맞서 싸웠던 강력한 정치집단이었다"고 주장하였습니다. 또 다른 저서 《고구려 700년의 수수께끼》 41쪽의 지도를 보면, 고대 한반도 지도 서남부에 왜(倭)라는 세력을 명기하고 있습니다. 이덕일이야말로 스에마쓰 임나일본부설의 앞잡이라고 하지 않을 수 없습니다. 《임나일본부설은 허구인가》를 읽어보면 중고등학생 정도의 독해력만 있어도 이덕일의 주장이 얼마나 황당한지 쉽게 짐작할 수 있습니다.

본인은 이덕일에게 사과를 요구하였으나 오히려 궤변으로 자기 주장을 합리화하는 데 급급해 왔습니다. 이런 행위가 용인된다면 건전한 학문연구 풍토를 황폐화시킬 것이라는 생각에서 학계의 원로로서 동도 후학들을 위해서 법에 호소하게 되었습니다. 이번 판결이 식민사관을 해체하는 민족사학자 행세를 하면서 혹세무민하고, 국격을 실추시키며, 건전한 학문풍도를 흐리고, 일본에 대한 연구를 위축시키는 행위가 사라지는 계기가 되기를 기대합니다.

– 2017년 5월 11일

고려대학교 명예교수 김현구

4장

사이비 역사학의
네트워크

식민사학 앞잡이의 둥지 노릇이나
하는 명문대학 교수

이덕일은 2014년 10월 마포경찰서에 제출한 준비서면 6쪽에서 내
가 일본에서 출판한 《大和政權の對外關係硏究》(東京, 吉川弘文館,
1985)》에 대해서 최재석이 그의 자서전 《역경의 행운》(다무기, 2011)
에서 다음과 같이 기술한 내용을 소개했다.

> 《大和政權の對外關係硏究》라는 책 제목에서 교섭 상대국가인 한국
> 을 제시하지 않은 것은 한국이 그 이름을 거명할 가치조차 없는 나
> 라라는 것으로 한국사는 일본사에 예속되어 있거나 일본사의 일부
> 분이라는 뜻을 반영시킨 것이다.

그러고 나서 "최재석 교수의 말은 김현구 씨의 역사관을 정확
하게 지적한 것입니다"라고 하여 최재석 교수의 말을 빌려 '김현구
가 한국사를 일본사에 예속시켰다'고 매도했다.

최재석 교수는 고려대학교 사회학과에서 재직하다가 정년퇴직
한 뒤 현재 명예교수로 있다. 퇴직하기 전부터 자기 전공인 사회학
은 뒤로 하고 일본 고대사에 관심을 갖고 몇 편의 저서를 낸 것으
로 알려져 있다. 그의 자서전 《역경의 행운》에 의하면, 일본 고대

사에 관한 몇 편의 논문을 학술지에 투고했다가 '게재불가' 판정을 받은 것으로 되어 있다. 책은 출판사만 승낙하면 출판할 수 있지만 학술지에 논문을 싣기 위해서는 전문가의 심사를 통과해야 하기 때문에 만만치가 않다. 학회에서는 그의 일본 고대사에 대한 논문을 인정하지 않고 있다는 이야기이다.

최재석 교수는 《역경의 행운》에서 다음과 같이 나를 매도하고 있다.

> 나는 고대 한일관계에 관한 한 논문을 고려대 내의 한 학술지에 투고하였다. …(중략)… 게재불가라는 판정을 받고 거부당했다…(중략)… 게재불가라는 판정을 내린 고려대 역사교육과 김현구 교수의 학문에 대해서 이야기를 좀 해야 할 것 같다.(320쪽)…(중략)…그런데 특히 지도교수 가운데 한 사람인 미즈노는 실존 인물도 아닌 일본의 신공황후(神功皇后)가 한국(삼한)을 점령하였으며 서기 1세기부터 한국은 일본의 식민지였다는 등 동화 같은 역사 왜곡을 한 인물이다. 이렇게 볼 때 김현구 씨의 학위논문은 학위논문 지도교수인 미즈노의 지시에 의하여 미즈노의 왜곡된 역사관을 옮긴 데 불과하다는 것을 알 수 있다…(중략)… 나의 논문 게재를 거부한 것은 학위를 마치고 한국에 귀국한 후에도 자신의 왜곡된 역사관을 교육해 달라는 지도교수의 지시에 따른 것임을 알 수 있다.(325쪽)…(중략)…

한국의 역사를 팔아서 학위를 얻은 김현구 씨의 소행을 구한말의 이완용 일파의 매국 행위에 비유하는 것은 지나친 비유일까? 다른 점이 있다면 한 사람은 정치를 한 것이고 다른 한 사람은 역사학을 공부한다는 정도라고나 할까?(326쪽)

지금 정확한 시기는 기억나지 않지만 최재석 교수가 교내 연구소에 투고한 일본 고대사 관계 논문에 대한 심사의뢰가 내게 온 적이 있었다. 그런데 내 기준으로는 논문이라고 할 수 없는 정도였다. 예를 들면, 발해에서 왜에 파견한 사신 중에 장군이 포함되어 있는데 발해가 장군을 사신으로 파견했다는 것은 왜를 지배하기 위한 것이라는 식이었다. 최재석 교수의 논리대로라면 왜에서 백제에 파견한 사신 중에도 장군이 보이는데 그것은 백제를 지배하기 위한 것이 되어야 한다. 그러나 왜에서 백제에 장군을 사신으로 파견한 데 대해서는 전혀 언급이 없었다. 순간 사회학에서는 이렇게 비논리적으로도 논문을 쓸 수 있는지 의구심이 들었다. 이런 비논리적인 논문에 '게재가'라는 판정을 할 수 없었고, 그렇다고 대선배 교수의 논문을 '게재불가'라는 판정을 내릴 수도 없어서 연구소 책임자에게 '고려대학교 명예교수의 논문이면 그냥 실어주면 되지 왜 심사를 하느냐'고 하면서 심사를 하지 않고 돌려보낸 적이 있다.

아마도 다른 심사위원들이 게재불가 판정을 했고 최재석 교수는 내가 심사위원으로 있었으니 나도 게재불가 판정에 가담한 것으로 생각한 것이 아닌가 싶다. 그래서 앙심을 품고 "게재불가라는 판정을 내린 고려대 역사교육과 김현구 교수의 학문에 대해서 이야기를 좀 해야 할 것 같다"고 하여 나에 대해 뒷조사를 한 모양이다.

내 지도교수와 일본에서 출판한《大和政權の對外關係研究》에 대해서 검증을 한 결과, 와세다대학교의 지도교수인 미즈노 유(水野祐) 교수가 1세기부터 한국이 일본의 식민지였다고 역사를 왜곡을 한 인물이므로 김현구가 학위를 마치고 한국에 귀국한 후에도 자신의 왜곡된 역사관을 교육해달라는 지도교수의 지시에 따라서 당신의 논문에 대해서 '게재불가' 판정을 했다는 것이었다.

도대체 어떤 교수가 30여 년 전에 논문지도를 받았고, 돌아가신 지도 20년 가까이 된 지도교수의 지시를 받아서 논문을 심사하고 '논문 게재불가' 판정을 내린다는 것인지 도무지 이해할 수 없다. 정상적인 사고라고는 생각되지 않는다.

미즈노 유 교수는 고대에 왜가 한반도 남부를 지배했다고 믿고 있었다. 하지만 '백제는 야마토 정권에 선진문물을 제공하고 야마토 정권은 백제에 군원을 제공하는 관계였다고 할 수 있다. 따라서 무엇인가 대가를 받고 보낸 원군을 넓은 의미에서 용병이라고 한다면, 당시 야마토 정권과 백제는 용병관계였다고 정의할 수 있다'라는 요지의 나의 박사학위 논문(《大和政權の對外關係研究》)에 대해서 그는 자신과 생각이 다르지만 '김 군의 주장은 논리적으로 일관성이 있기 때문에 학위를 주기로 했다'는 소견을 내신 훌륭한 학자였다. 당신과는 생각이 다르지만 논리의 일관성이 있기 때문에 학위를 준다는 것이다. 학문의 연좌제를 주장하고 논리도 없는 최재석과는 격이 다른 학자였다.

이덕일은 최재석 교수가 "《大和政權の對外關係研究》라는 책제목에서 교섭 상대국가인 한국을 제시하지 않은 것은 한국이 그 이름을 거명할 가치조차 없는 나라라는 것으로 한국사는 일본사에 예속되어 있거나 일본사의 일부분이라는 뜻을 반영시킨 것이다"라고 기술한 내용을 소개했다. 그리고 "최재석 교수의 말은 김현구 씨의 역사관을 정확하게 지적한 것입니다"라고 하여 최재석 교수의 《大和政權の對外關係研究》에 대한 비판에 전적으로 공감을 표시하고 있다.

도대체 한 나라의 '대외관계'를 논하는 책 제목에 관계가 있는 모든 나라의 이름을 표기하는 경우가 어디에 있다는 말인가?《한국의 대외관계》라는 제목의 책을 출판하려면 한국과 대외관계를 갖고 있는 모든 나라의 이름을 책 제목에 써넣으라는 말 아닌가? 그것이 가능이나 한 일인가?

그리고 한 나라의 대외관계를 논하는 책의 제목에서 상대 나라의 이름을 기재하지 않으면 그 나라는 이름을 거명할 가치조차 없는 나라이고 그 나라는 상대 나라의 역사에 예속되어 있거나 일부분이라는 뜻을 반영한 것이라는 해괴한 논리가 어디에 있다는 말인가? 최재석 교수의 주장에 따르면, 예컨대 제목을 《미국의 대외관계연구》라고 하면서 상대 국가의 이름을 일일이 제시하지 않는 것은 미국과 대외관계가 있는 한국이나 중국, 러시아 등 모든 나라가 미국의 속국이라는 뜻이라는 궤변이기 때문이다.

이런 최재석 교수의 주장에 대해 "최재석 교수의 말은 김현구 씨의 역사관을 정확하게 지적한 것입니다"라고 한 이덕일은 정상적인 사람인지 묻고 싶다. 최재석 교수는 재판 중에 이덕일을 위해서 탄원서를 제출하기도 했다. 이덕일은 최재석을 칭찬해주고 최재석은 이덕일을 위해서 탄원서를 내주었으니 서로 품앗이를 하고 있는 셈이다. 최재석 교수나 이덕일이 학자 행세를 하려면 자기의 전공에나 충실할 일이지 전공에 대한 논문도 제대로 못 쓰면서 왜 자기 학문은 제쳐놓고 기본적인 용어의 개념도 모르는 일본 고대사에 대해서 비판을 넘어 남을 매도하는 일에 매달리는지 그 저의를 알 수 없다. 유유상종이라는 말은 이런 경우에 쓰는 단어가 아닌가 싶다.

최재석 교수의 《역경의 행운》에 의하면, 곳곳에서 자신의 일본 고대사에 관한 논문이 게재를 거절당한 것으로 기술되어 있으며 내가 아는 한 일본 고대사에 관한 그의 논문이 일본역사전공 학회지에 한 번도 실린 적이 없다. 그리고 이덕일의 준비서면 90쪽에 인용된 최재석 교수의 《고대한일관계사연구》(135쪽)에 따르면, '최재석 교수의 책에 대한 한일 사학자들의 반응이 전혀 없다'고 적고 있다. 왜 도처에서 논문 게재를 거절당하고 전문 학술지에는 논문을 실을 수도 없고 한일 사학자들의 반응이 전혀 없는가를 알아내는 것은 최재석 교수와 그를 유일한 둥지로 삼고 있는 이덕일의 몫이 아니겠는가.

식민사학 앞잡이의 앞잡이 노릇이나 하는 전직 고위관료

황순종은 그가 저술한 책에 의하면, 세상의 수재들이 모인다는 경기중·고등학교를 거쳐서 서울대학교 경제학과에 입학하였고, 행정고시에 합격하여 고위공무원을 지낸 것으로 되어 있다.

이덕일이 항소심 중일 때, 그는 《임나일본부는 없었다》(만권당, 2016)라는 책을 출판했다. 그는 《임나일본부는 없었다》의 도처에서 김현구를 식민사학자로 비판하고 있고 《임나일본부는 없었다》라는 책까지 쓴 임나 문제의 전문가로서 법정에 출석해서 이덕일의 주장을 뒷받침하는 증언을 했다. 재판 중에는 법정에 나와서 열심히 이덕일을 응원하는 모습을 보였다. 그런데 《임나일본부는 없었다》를 출판한 것은 이덕일이 출판물에 의한 명예훼손죄로 1심에서 유죄판결을 받은 2016년 2월 5일 이후, 항소심이 진행 중인 2016년 4월 20일이다. 출판사는 이덕일이 《우리 안의 식민사관》을 출판한 '만권당'이다. 따라서 황순종이 《임나일본부는 없었다》를 출판한 의도는 이덕일을 위한 법정 증언을 하기 위한 데 있었던 것이 아닐까?

황순종의 저서인 《임나일본부는 없었다》와 이덕일이 2014년 마포경찰서에 제출한 준비서면을 비교해 보면, 많은 곳이 일치하고 있으며 심지어는 틀린 내용까지도 똑같이 틀리고 있다. 황순종의 《임나일본부는 없었다》와 이덕일이 마포경찰서에 제출한 준비서면을 비교해 보면 다음과 같다.

김현구는 학위논문 〈표1〉…. 조공사(朝貢使)…별표(別表)…주(奏)…공(貢)… 백제가
야마토의 제후국이거나 속국, 또는 식민지란 뜻을 담고 있다.(148쪽 12~19행)

〈표1〉에 따르면 야마토 왜는 고구려, 백제, 신라 및 임나를 지배하는 동아시아 제일의
천자국가이다.(154쪽 15~17행)

김현구는 또 긴메이 8년(547) 4월에는 '백제에서 구원군을 보내 달라고
구걸했다(乞求軍)'라고 쓰고 또한 '학자들 바쳤다(貢學者)'고 한다. 김현구가 아무리
《일본서기》의 허황한 이야기를 모두 사실로 믿는다고 쳐도 외형은 한국인이면 '구걸할
걸(乞)'자 대신에 '청구할 청(請)' 정도를 썼을 것이다. 그러나 김현구는 '청' 자는 대등한
관계에서 쓰는 용어라고 생각하는지 반드시 '걸' 자를 쓴다.(154쪽 4~9행)

협의의 가야(=임나)가 고령을 가르킨다는 이병도의 견해와 김해를 가리킨다는 김정학,
천관우, 김현구, 김기웅, 연민수…(39쪽 10~12행)

임나가 한반도 남부에 있었다고 보는가, 일본 열도 내에 있었다고 보는가가 갈림길이다.
민족사학과 식민사학이 바로 이 점에서 갈린다. 한반도 남부에 있었다고 보는 모든
관점은 식민사관이다.(30쪽)

　

　

황순종의 《임나일본부는 없었다》와 이덕일이 마포경찰서에 제
출한 준비서면을 비교해보면, 서로 문구 하나 틀리지 않고 똑같은
부분이 여러 군데 나오고, 위에 예시한 것 이외에도 문구가 서로
비슷한 곳은 수없이 많다. 특히 《임나일본부설은 허구인가》는 수
십 군데에서 명백히 임나를 '고령'이라고 명시하고 있음에도 불구

표1의 조공사(朝貢使)…별표(別表)…상표(上表)…주(奏)… 백제가 야마토의 제후국이거나 속국, 또는 식민지란 뜻을 담고 있습니다.(8쪽 3~10행)

표1에 의하면 야마토 정권은 고구려·백제·신라 및 임나를 지배하는 동아시아 제일의 천자국입니다.(9쪽 1~2행)

김현구 씨는 …흠명 8년(547) 4월에는 백제에서 구원군을 보내달라고 구걸(乞求軍)했다고 쓰고 또한 학자를 갖다 바쳤다(貢學者)라고 썼습니다. …《일본서기》의 허황된 이야기를 모두 사실로 믿는다고 쳐도 외형은 한국인이면 '청할 청(請)' 정도를 썼을 것입니다. 그러나 김현구 씨는 청(請)자는 대등한 관계에서 사용하는 용어라고 생각했기 때문인지 반드시 걸(乞)자를 씁니다.(8쪽 29~36행)

협의의 가야(=임나)를 말할 때 고령을 가리킨다는 이병도의 견해와 김해를 가리킨다는 김정학, 천관우, 김현구, 김기웅, 연민수…(95쪽 12~14행)

식민사학자라고 비판받는 역사학자들 이외에 한국 학자들 중에서 임나의 위치를 가야의 그것으로 비정하는 학자는 없다고 해도 과언이 아닙니다.
(2016.12.12. 상고이유 답변서 제24면)

하고 위 4번째 단을 보면 김현구가 임나를 '김해'라고 주장하고 있다는 오류까지도 두 사람이 똑같이 기술하고 있다.

결국 황순종의 《임나일본부는 없었다》는 이덕일이 써주었거나 이덕일의 준비서면을 거의 베낀 것이다. 임나 문제 전문가로서 법정에 출석해서 이덕일의 주장을 뒷받침하는 증언을 하기 위해

서 항소심 중에 급조한 것이 아닐까? 명문 학교를 나오고 고위관
료를 지낸 경력이 아까울 따름이다.

황순종은《임나일본부는 없었다》에서 "'식민사관'에 젖어 있
는 주류 사학계에 뼈아픈 반성을 촉구하고 있다. 조선총독부에서
한국을 영구 지배하기 위해 만든 식민사관을 바로잡는 일에 남은
인생을 걸고 있다"고 한다. 김현구의《임나일본부설은 허구인가》
와 이덕일의《고구려 700년의 수수께끼》,《우리 역사의 수수께끼
1》중에서 어느 쪽이 식민사학인지도 구분하지 못하고 있다는 것
은 "조선총독부에서 한국을 영구 지배하기 위해 만든 식민사관
을 바로잡는 일에 남은 인생을 걸고 있"는 것이 아니라 "조선총독
부에서 한국을 영구 지배하기 위해 만든 식민사관"을 위해서 남은
인생을 걸고 있는 것 같아 안타까울 뿐이다.

또 황순종은 "고대 문헌과 사료를 중심으로 철저한 고증을 추
구하는 것이 역사 저술의 기본자세라고 생각하며"라고 설파하고
있다. 그는《임나일본부는 없었다》의 수십 군데에서《임나일본부
설은 허구인가》를 비판하고 있고 특히 "임나가 한반도 남부에 있
었다고 보는가, 일본 열도 내에 있었다고 보는가가 갈림길이다. 민
족사학과 식민사학이 바로 이 점에서 갈린다. 한반도 남부에 있었
다고 보는 모든 관점은 식민사관이다"(30쪽)라고 하여 김현구를 식
민사학자라고 비판하는 중요한 근거가 임나를 한반도 남부에 비

정하는 데 있음을 밝히고 있다. 그럼에도 불구하고 《임나일본부설은 허구인가》가 '임나'가 6가야 중 하나인 '고령'가야임을 여러 군데에서 밝히고 있음에도 불구하고 김현구가 임나를 '김해'라고 주장하고 있다고 서술했다. 이러고도 '고대 문헌과 사료를 중심으로 철저한 고증을 추구하는 것이 역사 저술의 기본자세'라고 하니 아무리 경제학을 전공했다지만 명문 학교에서 교육을 받고 고위 관료를 지낸 사람의 발언으로 믿어지지 않는다.

이런 사람이 《동북아 대륙에서 펼쳐진 우리 고대사》,《식민사관의 감춰진 맨얼굴》이라는 책을 출판하여 사학계를 비판하고 있으니 누구를 위한 비판이라는 말인가? 이것이 "조선총독부에서 한국을 영구 지배하기 위해 만든 식민사관을 바로잡는 일"인가?

황순종은 자신의 책에서 경기중·고등학교를 거쳐서 서울대학교 경제학과에 입학한 것으로 기록하고 있다. 책에 학력을 쓰면서 중학교, 고등학교까지 기입하는 일은 흔치 않은 일이다. 한국의 수재들이 모인다는 학교를 거쳐 서울대학교 경제학과에 입학했다니 자랑할 만도 하다. 그러나 김현구의 《임나일본부설은 허구인가》와 이덕일의 《고구려 700년의 수수께끼》,《우리 역사의 수수께끼 1》 중에서 어느 쪽이 식민사학인지도 구분하지 못하고, 식민사학의 앞잡이 노릇이나 하면서 책에 모교의 이름을 써넣는 것은 모교의 명성을 욕보이는 짓 아니겠는가? 대학시절 은사 한 분이

"내가 어느 학교를 나온 것을 자랑하지 말고 세상 사람들이 아무개가 나온 학교가 무슨 학교라는 소리를 듣는 사람이 되라"고 당부하시던 말씀이 새삼 떠오른다.

5장

순국선열들의
피눈물

식민사학의 앞잡이와 맥을 같이 하는
한국 사회의 명사들

이덕일의 주장과 맥을 같이 하는 도종환 문체부장관

한국 사학계에서는 '임나'를 여러 가야 중의 하나로 비정하는 데 이론이 없다. 《삼국사기》 강수전(强首傳)의 "신은 본래 '임나가라' 사람입니다(臣本任那加良人)"나 〈광개토왕릉비문〉 400년 조에 보이는 '임나가라', 924년(경명왕 8)에 신라 경명왕의 명으로 세워진 진경대사탑비(眞鏡大師塔碑)의 "그(김유신) 선조는 임나 왕족"이 그 근거이다. 그러나 대표적인 사이비 역사학자라고 할 수 있는 이덕일은 "식민사학자라고 비판받는 역사학자들 이외에 한국 학자들 중에서 임나의 위치를 가야의 그것으로 비정하는 학자는 없다고 해도 과언이 아닙니다"라고 하여 임나를 가야의 일국으로 비정하는 한국사학계 전체를 식민사학자들로 매도했다.

그 근거로는 "숭신 65년 가을 7월, 임나국이 소나갈질지(蘇那曷叱知)를 보내 조공했다. '임나'는 축자국(筑紫國, 현재의 후쿠오카)에서 2천 여리 떨어진 거리에 있다. 북쪽은 바다로 막혀 있고 계림(鷄林)의 서남쪽에 있다"라는 《일본서기》 숭신천황 65년 조를 들고 있다. 그러나 《일본서기》 연대로는 숭신 65년은 기원전에 해당하고 아직 임나가 존재하지도 않던 시기이다. 여기서 이덕일은 "신라의 서남쪽에 있는 곳이 어디겠습니까? 바로 대마도입니다"라고 하여 임나를 가야의 일국으로 비정하는 한국 역사하계 전체를 식민사학으로 매도하고 있는 것이다. 황순종과 마찬가지로 식민사학자인가 아닌가의 기준을 '임나'를 한반도 남부에 비정하느냐 일본열도에 비정하느냐에 두고 있는 것이다. 자료를 비교해보면 임나가 한반도 남부에 있었는지 대마도에 있었는지는 역사학자가 아니더라도 상식이 있는 사람이라면 누구든지 구분할 수 있다.

그런데 지난 6월 6일자 한겨레신문에 의하면, 도종환 현 문체부장관이 문체부장관 후보자 신분으로 이렇게 말했다. "일본이 '임나일본부'설에서 임나를 가야라고 주장했는데, 일본의 지원으로 이 주장을 쓴 국내 역사학자들의 논문이 많다. 관련 자료들을 찾아 봤다." "확실히 싸워야 할 문제가 있다면 싸우겠다."

도종환 현 문체부장관의 발언은 세 가지 점에서 문제가 있다.

첫째, 관계 자료를 비교해보면 상식이 있는 사람이라면 임나가 한반도 남부에 있었음은 누구도 부인할 수 없는 사실이다. 그런데 "일본이 '임나일본부'설에서 임나를 가야라고 주장했는데"라는 부분은 임나를 가야라고 주장하는 것은 일본 측의 임나일본부설을 추종하는 것이라는 의미로 읽힐 수밖에 없다. 《일본서기》 기원전 기사를 가지고 "식민사학자라고 비판받는 역사학자들 이외에 한국 학자들 중에서 임나의 위치를 가야의 그것으로 비정하는 학자는 없다고 해도 과언이 아닙니다"라는 턱없는 주장을 하고 있는 사이비 역사학자이자 식민사학의 앞잡이 노릇을 하고 있는 이덕일의 주장과 맥을 같이 한다는 이야기가 된다.

이덕일은 동북아역사재단의 역사지도 편찬사업을 무산시킨 것을 큰 업적으로 내세우고 있는데, 도종환 문체부장관도 이 문제에 관여되어 있는지 여부가 매스컴에서 큰 쟁점이 된 바 있다.

둘째, 한국 사학계 전체가 임나를 가야의 일국으로 비정하고 있는 마당에 "일본이 '임나일본부'설에서 임나를 가야라고 주장했는데"라고 하는 것은 한국 역사학계 전체를 일본의 임나일본부설을 추종하는 식민사학으로 매도하고 있는 셈이 된다.

셋째, "일본의 지원으로 이 주장을 쓴 국내 역사학자들의 논문이 많다"는 것은 임나가 한반도 남부에 있는 것이 아닌데 일본의 지원을 받은 사람들이 임나를 한반도 남부에 비정함으로써 일본의 임나일본부설을 추종하고 있다는 식의 뉘앙스로 해석될 수밖에 없다. 그들을 일본의 돈을 받고 일본의 임나일본부설을 추종하는 매국노라고 매도하는 듯한 발언이 된다는 것이다.

문화와 역사는 궤를 같이 한다고 할 수 있는데 위와 같은 터무니없는 역사인식을 가지고 있는 분이 문화정책을 총괄하는 책임자가 되었으니 문화정책의 방향을 올바르게 설정할 수 있을지 걱정이 앞선다.

'임나일본부'의 의미도 모르면서 이덕일을 추종하는
허성관 전 행자부장관

허성관은 해수부장관, 행자부장관, 광주과기원장이라는 화려한 경력을 갖고 있으며 현재는 이덕일이 소장으로 있는 한가람역사문화연구소 연구위원으로 있다.

허성관은 2015년 12월 8일자 경기일보 '허성관 칼럼'에서 이렇게 썼다.

> 김현구는 이 책에서 임나일본부가 없었던 것처럼 써 놓고, 각론에서는 일본 백과사전에서도 믿을 수 없는 역사서로 평가한 '일본서기'를 인용하여 사실이라고 주장했다. 임나일본부의 강역도 종래 경상남도 일부에서 전라도와 충남과 경북까지로 확대해 놓았다.

김현구의 《임나일본부설은 허구인가》의 어디에 '임나일본부가 사실이라고 주장했다'고 되어 있는지 모르지만, 통치기구인 '임나일본부'를 통치의 주체로 하여 "임나일본부의 강역도 종래 경상남도 일부에서 전라도와 충남과 경북까지로 확대해 놓았다"라고 하는 것을 보면 용어의 기본 개념도 모르면서 대중을 상대로 하는 칼럼을 쓰고 있는 꼴이 우습기만 하다. 이덕일의 주장을 그대로 옮겨 놓다보니 이런 일이 생긴 것이리라.

대법원 판결이 내려진 직후인 2017년 6월 5일자 위와 같은 신문 칼럼에서 허성관은 몇 가지 명언을 남겼다.

"지난 5월 11일 대법원에서 학문의 자유를 지킨 역사적인 판결이 있었다"고 하고 있는데, 식민사학의 극복을 위해서 평생을 받쳐 온 학자를 식민사학자로 낙인을 찍는 판결을 내렸으니 '역사적인 판결이'라고 할 만하다는 것인가?

또 "이 판결에서 대한민국 법정이 조선총독부 역사관인 매국 식민사학을 추종하지 않는다는 입장을 명백히 보여주었다"고 주장하고 있는데, 허성관의 논리대로 한다면 왜(倭)를 한반도 지도 서남부에 버젓이 표기하는 자를 지켜주는 것이 법의 올바른 판결이란 말인가? 왜를 한반도 지도 서남부에 표기한 자를 처벌하려고 하는 검찰의 상고는 "이덕일을 징역 보내서 검찰이 지키고자 하는 정의가 무엇인지 알 수가 없"는 것이란 말인가?

허성관은 "만약 대법원에서 유죄로 판결나면 학문의 자유를 찾아 망명까지 생각했던 이덕일도 이제 그럴 필요가 없어졌다"고도 했다. 왜(倭)를 한반도 지도 서남부에 표기하는 식민사학의 앞잡이가 식민사학의 극복을 위해서 평생을 받쳐 온 학자를 식민사학자로 매도해도 무죄가 되는 나라인데, 이보다 더 좋은 나라가 어디에 있어서 망명을 한단 말인가?

"대법원의 판결로 학문의 자유는 얻었지만 매국식민사학은 여

전히 가장 오래된 적폐다"라고 하면서 왜 허성관은 식민사학의 앞잡이 이덕일을 감싸는지 불가사의한 일이다. 진정 허성관은 김현구의 《임나일본부설은 허구인가》와 이덕일의 《고구려 700년의 수수께끼》, 《우리 역사의 수수께끼》 중에서 어느 쪽이 식민사학이고 어느 쪽이 식민사학을 극복하려고 노력한 것인지 구분할 수 없는지 묻고 싶다. 그래도 약간의 양심은 있는지 2015년 12월 8일자 칼럼에서는 "사실 김현구 책의 내용은 대단히 헷갈리게 쓰여 있다"고 고백하고 있다.

그런 구분도 제대로 못하는 사람이 몇 개 부처의 장관을 했다니 일을 어떻게 처리했을지 궁금해진다.

이덕일을 '한국사 분야 최고의 역사학자'라고 치켜세운 이정우 전 참여정부정책실장

경제학자로 참여정부정책실장을 지낸 이정우 경북대 명예교수는 이덕일에게 1심에서 징역 6개월, 집행유예 2년의 판결이 내려진 직후 경향신문 2016년 2월 19일자 '한국은 아직 식민지인가?'라는 기고문에서 이덕일에 대한 유죄 판결을 비판했다. 여기서 이정우 교수도 몇 가지 명언을 남기고 있다.

우선 이덕일이 임나를 이곳에서는 한반도에 있었다고 하고 저곳에서는 대마도에 있었다는 등 갈팡질팡하는 것은 차치하고라도, 《우리 안의 식민사관》을 읽어본 듯한 이정우 교수는 기본적인 용어의 개념도 제대로 모르고 있다는 사실을 알 수 있다. 이덕일이 지역의 명칭인 '임나'를 통치의 주체로 받아들인 것처럼 "김현구가 '임나'가 실제 한반도 남부를 지배했다고 '설명'했다"(339쪽)든가, 통치 기구를 뜻하는 '임나일본부'를 통치의 주체로 하여 "근래노골적으로 '임나일본부'가 한반도 남부를 지배했다고 '주장'하고 있는 고려대 역사교육과 교수 김현구"라든가, '조정'을 '국가'와 동일시하여 "김현구는 백제를 야마토 '조정'의 속국이라고 '주장'한다"(345쪽)든가, 통치기구인 '임나일본부'를 통치의 대상으로 하여 "'임나일본부'를 지배한 것은 백제인데"라고 한 것이 그 근거이다. 이런 기본적인 용어의 개념도 제대로 구사하지 못하는 사람을 경제학계에서는 어떻게 평가하는지 모르지만 역사학계에서는 '한국사 분야 최고의 역사학자'라고 하기보다는 역사학자 행세를 하는 사이비 역사학자라고 부르고 있다.

이정우 교수는 "국가가 훈장을 줘도 모자랄 역사학자에게 실형 판결을 내리다니 대명천지에 어찌 이런 일이 있단 말인가"라고 하는데, 김현구의 《임나일본부설은 허구인가》와 이덕일의 《고구려 700년의 수수께끼》, 《우리 역사의 수수께끼》 중에서 어느 쪽이 식민사학을 대변하고, 어느 쪽이 식민사학을 극복하려고 노력한 것인지 구분하기 어려운지 묻고 싶다. 또한 이덕일이 한반도 지도 서남부에 왜(倭)를 표기하고 있는 식민사학의 앞잡이라는 사실을 진정 모르는지 묻고 싶다. 만약 이덕일의 행태를 모르고 있었다면 사실도 확인하지 않고 "무고한 선비들이 박해받던 조선시대의 숱한 사화나 중세의 갈릴레이 재판을 연상시킨다"는 기사를 썼다면 대학교수로서 너무 무책임한 일 아니겠는가? 꼭 김현구의 《임나일본부설은 허구인가》와 이덕일의 《고구려 700년의 수수께끼》, 《우리 역사의 수수께끼》를 읽어보시고 다시 한번 경향신문에 써주시기를 기대한다.

대통령선거에 출마했던 사람들까지도

허성관 칼럼에 의하면 국회의원을 지냈고 대통령선거까지 출마했던 박찬종 변호사와 법제처장을 지낸 이석연 변호사는 이덕일의 공익변호에 나선 것으로 되어 있다. '공익변호'라는 것은 '인권과 공익을 위한' 변호라고 알고 있는데 식민사학을 위해서 평생을 받친 학자를 매국노라고 매도하고 식민사학을 반박하는 연구에 재갈을 물리려는 식민사학의 앞잡이 이덕일을 위한 변호가 어떻게 '인권과 공익을 위한' 변호라는 말인가? 대통령선거에 출마했던 인물과 법제처장을 지낸 인물이 식민사학의 앞잡이를 위한 변호에 나서면서 '공익변호'를 자처하다니 어떻게 해서 이런 일이 한국사회에서 벌어지게 되었을까?

2016년 11월 항소심에서 이덕일에 대한 무죄판결이 나오자 이번에 민주당 대통령후보 경선에 나섰던 이재명 성남시장도 "우리 사회 곳곳에 침투한 친일 세력들 언젠가 반드시 뿌리를 뽑아야지요. 이덕일 소장님 무죄판결 축하하고 환영합니다"라고 트위터에 적어 이덕일을 응원했다.(한겨레 21 2017. 6. 27) 우리 사회 곳곳에 침투한 친일 세력들을 반드시 뿌리 뽑자면서 왜(倭)를 한반도 지도의 서남부에 표기하고 식민사학을 반박하는 연구에 재갈을 물리려는 식민사학의 앞잡이가 무죄판결을 받은 것이 축하할 일이라는 말인가?

이런 분들이 대통령이 되었다면 한국 사회가 어찌 되었을지 아찔한 생각이 든다.

식민사학 앞잡이의 둥지

'역사의병대'라는 이름이 부끄러운 식민사학 앞잡이의 전위대

인터넷카페(http//cafe.daum.net/his-militia)에 들어가 보면 역사의병대는 '역사의병 아카데미'라는 강연도 오프라인에서 개설하는 등의 활동을 하고 있다. 명칭을 '역사의병대'로 표방하면서 타격대상을 선정하고 있는데, 위 카페의 역사의병대 운영회의 결과라는 공간에는 '역사7적 등 타격대상 선정'이라는 제목이 있다. 역사

7적으로 김정배, 김현구, 노태돈, 서여수(서영수를 서여수로 이름도 제대로 표기하지 못하고 있다), 이기동, 조인성, 송호정을 선정하고 선대 역사7적에는 이병도, 신석호, 이기백, 김철준 등을 포함시켰다. 이덕일을 명예훼손으로 고소한 김현구를 역사7적의 한 사람인 타격 대상으로 선정해 놓은 것이다.

그리고 차세대 역사7적으로는 《임나일본부설은 허구인가》를 식민사학으로 매도한 이덕일의 행위를 《역사비평》에서 사이비 역사학자로 비판한 신가영과 기경량을 선정해 놓았다.

그런데 명칭은 '역사의병대'를 표방하고 있으면서 사상 유례가 없는 식민사학의 앞잡이 노릇을 하고 있고 버젓이 왜(倭)를 한반도 지도 서남부에 표기해 놓고 있는 이덕일은 타격 대상에 넣고 있지 않다. 오히려 1심 재판 중에는 '역사의병대'를 표방하는 사람이 이덕일을 위해서 법원 앞에서 피켓 시위를 하기도 했다. 이덕일을 위해서 《임나일본부는 없었다》를 급조하고 법정 증언까지 했던 황순종도 '역사의병대'의 일원이고 강사로 활동하고 있다.

이름은 '역사의병대'을 표방하고 있지만 식민사학의 앞잡이 이덕일의 전위대라고밖에 할 수 없다. 떳떳하다면 버젓이 왜(倭)를 한반도 지도 서남부에 표기해 놓고 있는 식민사학의 앞잡이는 놔두고 멀쩡한 분들을 역사7적, 선대 역사7적, 차세대 역사7적으로 선정하는 운영회의 멤버들의 이름과 선정 기준을 밝히기 바란다.

'식민사학 해체 국민운동본부'를 움직이는 사람들

2014년 3월 19일 이종찬 전 국정원장, 인명진 갈릴리교회 목사, 허성관 전 행정안전부 장관이 공동의장으로 참여하는 '식민사학 해체 국민운동본부'가 창설되었다.(주간경향 2014. 08. 06) 명칭으로 미루어 본다면 '식민사학 해체 국민운동본부'는 '학술위원장직'을 맡고 있는 이덕일이 중요한 역할을 할 수밖에 없을 것이다. 성격상 '학술위원장'이 '식민사학 해체 국민운동본부'의 학술적 근거를 제공해야 하기 때문이다.

'공동의장'인 이종찬 전 국정원장, 인명진 갈릴리교회 목사, 허성관 전 행정안전부장관 등은 한국 사회의 내로라하는 명사들인만큼 그들이 이덕일의 둥지가 되고 있음은 쉽게 짐작할 수 있다. 그런데 '식민사학 해체 국민운동본부'라는 이름이 부끄럽게 한국 사회의 명사들이 왜 하필 식민사학의 앞잡이를 '식민사학 해체 국민운동본부'의 학술적 근거를 제공하는 '학술위원장'으로 앉혀놓고 있는지 알다가도 모를 일이다.

허성관 전 행자부장관은 이덕일이 명예훼손으로 재판을 받는 동안 거의 빠짐없이 법정에 나와 맨 앞자리를 치지하고 방청하였고, 그 사이 두 번이나 칼럼을 써서 이덕일을 지원했다. 이종찬 전 국정원장은 삼한의 갑족으로 한일합병을 앞두고 재산을 처분하고 만주로 망명하여 신흥무관학교를 세워 만주에서의 독립운동을 주도한 우당 이회영 선생의 손자로 알려져 있다.

이범증 전 중앙중학교 교장은 나와 고려대학교 사학과에서 같이 공부한 친구로 상해임시정부 초대국무령을 지낸 석주 이상룡 선생의 증손이다. 이상룡 선생은 영남의 명문가 출신으로 역시 한일합병을 앞두고 재산을 처분한 뒤 일족을 데리고 만주에 망명하여 우당 선생 집안과 함께 신흥무관학교를 세우고 만주에서의 독립운동을 주도한 만주 독립운동의 양대 산맥이다. 짐작컨대 지금도 양가 사이에 교류가 있을 것이다.

지난해 8월 모임에서 이범증 전 중앙중학교 교장을 만났더니 "역사비평에서 자네가 이덕일 때문에 몹쓸 일을 당하고 있었던 것 같은데 얼마나 속이 상하겠느냐"고 위로를 해왔다. 그래서 "내가 이야기를 안 하려고 했는데 기왕에 이야기가 나왔으니 말이지 항일가문 후손들이 이덕일을 위해서 탄원서를 낸 모양이고, 석주 이상룡 선생 기념사업회도 이름을 올려준 것 같던데 어떻게 된 일이냐"고 물었다. 독립운동가 기념사업회가 잘 알지도 못하면서 그런 곳에 이름을 빌려주는 데 문제가 있다면서 이덕일이 식민사학 앞잡이 노릇을 한 자료를 보내주면 이종찬 전 국정원장에게 전달하고 잘 설명하겠다는 것이었다. 그래서 이덕일이 왜(倭)를 한반도 지도 서남부에 표기한 지도를 비롯해서 가야 7국 평정이나 〈광개토왕릉비문〉, 그리고 《송서》 왜국전에서 한반도에 대한 군사권을 요구한 주체를 왜라고 주장한 이덕일에 관한 자료를 보내주었다. 며칠 뒤에 전화가 왔다. 이종찬 씨를 방문했더니 이덕일과 함께 동북아역사재단이 마련한 요서지방 답사를 가서 만날 수 없었고 자료만 놓고 왔다고 했다.

항일가문 후손들, 독립운동가 기념사업회의 식민사학 앞잡이를 위한 탄원서

2017년 6월 5일자 경기신문에 게재된 허성관 칼럼에 의하면, "학계 원로, 항일가문 후손들, 독립운동가 기념사업회, 역사 관련 단체들, 고위 공직을 지낸 원로들은 이 판결에 경악했다. 140여 개 역사 관련 단체가 모여 '미래로 가는 바른 역사 협의회(미사협)'를 결성하여 힘을 모으고, 대대적인 서명운동을 벌여 입장을 밝히는 '건백서'를 법정에 제출"한 것으로 되어 있다.

역사관련 단체가 140여 개나 있다는 것도 놀라운 사실이지만, '항일가문 후손들', '독립운동가 기념사업회'가 왜 이덕일이 1심에서 유죄판결을 받은 데 대해서 '경악'했는지는 더욱 모를 일이다.

항일가문 후손들, 독립운동가 기념사업회 등도 '건백서'에 참여한 것으로 보이는데 그들의 참여에 우당 이회영의 손자요 전 국정원장을 역임한 이종찬이라는 이름이 큰 힘이 되지 않았을까 생각한다. 우당 선생을 비롯하여 항일독립운동을 하시다가 순국한

선열들은 항일가문 후손들, 독립운동가 기념사업회가 한반도 지도 서남부에 왜(倭)를 표기하고 있고, 가야 7국 평정을 왜의 정복 전쟁이라고 주장하면서 식민사학을 위해서 평생을 받친 학자를 매국노로 매도하는 이덕일을 위해서 '건백서'라는 탄원서에 이름을 올린 데 대해서 어찌 생각하실까? 여기에 우당의 손자가 둥지가 되고 있다면 우당 선생께서 통탄할 일이다.

일제 강점기에 독립투사들을 잡아들이면서 일제의 앞잡이 노릇을 하던 고등계 형사들이 경찰 간부가 되어 오히려 독립투사들을 핍박하던 광복직후의 사태가 지금 대한민국에서 벌어지고 있는 것이다. 순국선열들의 영령들이 계시다면 지하에서 피를 토할 일이 아니겠는가?

역사를 보는 올바른 눈

식민사학의 표상이라고 한다면 스에마쓰 야스카즈(末松保和)의 '임나일본부설'이라고 할 수 있다. '임나일본부설'이 1910년 한일병합을 역사적으로 합리화한다는 점에서 '식민사학'의 표상이 된 것이다.

한국에서는 스에마쓰의 임나일본부설에 대해 간헐적인 비판은 있었지만 난삽한 《일본서기》에 대한 사료 비판의 어려움으로 인해 체계적인 반론을 제기하지는 못하고 있었다. 나는 일찍이 국가적 과제인 스에마쓰의 식민사학 극복에 뜻을 두고 30여 년간 연구에 정진하여 임나를 경영한 것은 왜가 아니라 백제였고, 백제와 왜는 선진문물을 제공하고 군원을 받는 특수한 용병관계였음을 밝혔다. 근래 임나 문제가 한일 역사분쟁의 핵심 쟁점으로 떠오르자 일반 대중들도 그 실상을 알 필요가 있다는 생각에서 위 연구 결과를 쉽게 풀어서 쓴 책이 《임나일본부설은 허구인가》이다.

스에마쓰의 임나일본부설에 대한 반론은 학계에서도 인정을 받아 한일역사분쟁을 해결하기 위한 제1기 한일역사공동위원회 (2002~2005) 한국 측 위원으로 위촉되어 '임나' 문제에 대해서 일본 측 파트너인 도쿄대학교의 사토 마코토(佐藤 誠) 교수와 한국을 대표하여 치열한 논전을 벌리기도 했다.

그런데 '식민사학 해체 국민운동본부' '학술위원장'이라는 직함을 가진 이덕일이 《우리 안의 식민사관》에서 《임나일본부설은 허구인가》에 '임나일본부설이 사실이라고 씌어 있다', '백제를 왜의 속국이라고 주장하고 있다'는 허위사실을 적시하면서 '이완용은 나라를 팔아먹었지만 김현구는 역사를 팔아먹은 매국노'라고 매도하고 나섰다.

이덕일은 스에마쓰가 임나일본부설의 금과옥조로 삼는 《일본서기》 신공황후 369년 조에 보이는 왜가 가야 7국을 평정하고 신라와 백제를 속국으로 삼았다는 기사를 '왜가 수행한 군사 정복일 가능성이 있다'고 하고 있을 뿐만 아니라, 〈광개토왕릉비문〉 신묘년(391)조에 보이는 왜가 신라와 백제를 신민으로 삼았다는 기사의 주체도 왜라고 인정하고 있으며, 중국 《송서》에 보이는 소위 왜 5왕의 한반도 남부에 대한 군사권 주장도 역사적 사실로 인정하고 있다. 더욱 놀라운 사실은 한반도 지도 서남부에 왜(倭)라는 세력을 버젓이 표기하고 있다는 점이다. 식민사학의 표상이라는 스에마쓰의 임나일본부설을 능가하는 이런 주장을 하는 사람은 일본에서도 지금까지 존재한 적이 없다.

이런 식민사학의 앞잡이가 마치 역사의 독립투사라도 되는 양 '식민사학 해체 국민운동본부' '학술위원장'이라는 직함을 가지고 일본 측의 임나일본부설에 대한 한국 측의 유일한 학술적 대안이라고 할 수 있는 《임나일본부설은 허구인가》를 오히려 식민사학으로 매도하고 있는 것이다. 정상인이라면 할 수 없는 짓을 하고 있다.

1심 재판부는 이덕일의 주장이 《임나일본부설은 허구인가》의 어디에도 없는 허위사실을 적시하여 명예를 훼손했다고 하여 징역 6월에 집행유예 2년을 선고했다. 그러나 2심 재판부와 대법원은 스에마쓰의 임나일본부설을 반박하기 위해서 지문으로 제시한 삼국을 속국을 취급하고 있는 《일본서기》의 기사를 나의 뜻이 담긴 '기술'로 하여 이덕일에 대해 무죄판결을 내렸다. 2심 재판부와 대법원의 판결은 《임나일본부설은 허구인가》에 대한 판결이 아니라 《일본서기》에 대한 것이라고도 할 수 있다.

2심 재판부와 대법원의 논리대로 한다면 임나일본부설을 반박하기 위해서 《일본서기》를 인용하면 식민사학자가 될 수 밖에 없으며 임나일본부설에 대한 반박 연구에 영원히 재갈을 물린 것이다. 이런 판결을 받아낸 이덕일은 식민사학 앞잡이로서 역할을 충실히 수행했다고 볼 수 있다. 왜 사법부가 사실까지 왜곡해가면서 이런 이적행위라고 할 수 있는 판결을 내렸는지 알 수 없다. 2심 재판부와 대법원은 판결의 의미를 제대로 알고나 있는지 묻고 싶다.

재판과정에서는 대통령에 출마했던 분과 법제처장을 지낸 분이 식민사학의 앞잡이 이덕일을 위해서 '인권과 공익을 위한'다는 공익변호에 나섰고, 민주당 대통령후보 경쟁에 나섰던 분이나 전 참여정부정책실장, 전 행자부장관 등이 이덕일을 응원하고 나섰다. 심지어는 항일가문 후손들, 독립운동가 기념사업회까지도 이덕일을 위해서 '건백서'라는 탄원서를 법정에 제출하는 데 참여했다. 이덕일이 '학술위원장'으로 있는 '식민사학 해체 국민운동본부'의 공동의장으로 있는 전 국정원장, 전 행자부장관, 전 한국당 비상대책위원장도 든든한 둥지가 되고 있다. 한국 사회를 움직여 온 그들에게 왜를 한반도 지도 서남부에 표기하고 있는 이덕일이 식민사학의 앞잡이인지 《임나일본부설은 허구인가》를 쓴 내가 식민사학의 앞잡이인지 진정 구분할 수 없는지 묻고 싶다.

광복 70년이 지났는데도 불구하고 식민사학의 앞잡이가 식민사학의 비판을 위해서 평생을 받쳐온 한 역사학자를 식민사학자로 매도하고, 식민사학 반박 연구에 재갈을 물리는 일에 법원이

손을 들어주고, 한국 사회의 내로라하는 명사들이 응원을 하고 매스컴이 앞다투어 지면을 제공하고 있다는 것은 아직도 한국 사회에 일제의 식민사학을 이용하고자 하는 세력들이 그만큼 많다는 이야기이다. 이것이 광복 70여 년이 지난 지금까지도 한국 사회에서 일제가 살아 숨쉴 수 있는 터전이기도 하다. 진정한 일제의 극복은 이런 터전부터 정리해야 가능할 것이다.

한 사람의 역사학자로서 이런 현상을 세상에 알리고 역사의 기록으로 남겨 후세의 교훈으로 삼게 해야 할 책무를 느꼈다. 이 책이 우리가 좀 더 성숙한 사회로 나아가는 계기가 되었으면 좋겠다.

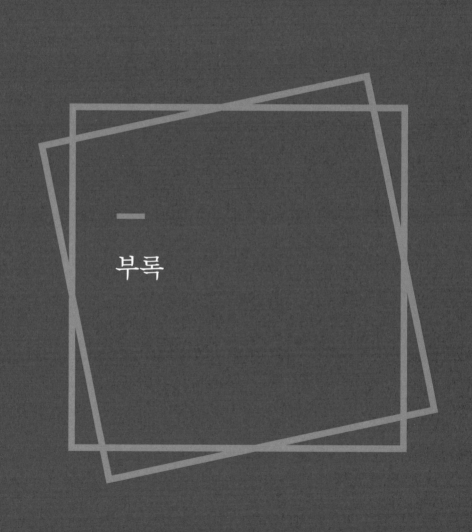

부록

1. 〈서울서부지방검찰청〉의 불기소 통지서

서울서부지방검찰청

2015. 4. 30

사건번호	2015년 형 제782호
제목	불기소결정서
검사	이지윤은 아래와 같이 불기소 결정을 한다.

I. 피의자   이덕일

II. 죄명   출판물에의한명예훼손

III. 주문   피의자는 증거 불충분하여 혐의 없다.

IV. 피의사실과 불기소이유

피의사실 : 사법 경찰관이 작성한 의견서 기재와 같다.

불기소 이유 :

○ 고소인은 고대 일본이 한반도의 남부를 오랫동안 지배하였다는 내용의 임나일본부설 내지 일본의 한반도 남부경영론이 옳다고 주장한 사실이 없음에도 마치 고소인이 위와 같은 임나일본부설이 옳다고 주장한 것처럼 피의자의 저서 '우리 안의 식민사관'이라는 책에서 허위의 주장을 함으로써 고소인의 주장을 훼손하였다고 주장한다.

○ 고소인은 임나일본부설을 주장하는 일본학자들의 주장 근거가 무엇인지를 정확히 인식하고 이를 분석하여 반박할 필요가 있다는 점을 고소인의 저서 '임나일본부설은 허구인가'라는 책에서 강조하면서 고대 한반도 남부를 고대 일본이 임나라는 지역을 중심을 지배하였다는 일본학자들의 주장은 백제와 왜의 지위 및 역할, 상호관계를 오해한 것에서 비롯되었다는 주장을 하면서 결국 임나일본부설을 비판하는 내용을 서술하였는데, 이와 아울러 백제와 왜의 협력관계에 대한 서술을 하면서 왜가 백제로부터 문화적인 지원을 받는 대신 백제에 군사를 지원하였고, 일본 우위의 군사 파견이 아니라 백제 우위의 일본 용병 파견으로 보아야 한다는 취지로 주장한 것으로 보인다.

○ 그러나 피의자는 이와 같은 고소인의 주장이 표면적으로는 백제의 주도적 역할 내지 우월적 지위를 강조한 것처럼 보이지만 고소인이 사용한 일부 일본식 용어, 일본서기를 인용한 빈도, 가야를 임나로 표시한 한반도 지도 사용 등 고소인 저서 곳곳에 나타난 여러 요소를 고려하여 고소인의 주장을 재해석한다면 결국 고대 일본이 한반도 남부를 지배하였다는 주장을 옹호하는 입장으로 해석될 수 있다는 자신의 의견을 피력한 것으로 보인다.

○ 학자의 연구결과 및 견해를 다른 학자의 입장에서 재해석하여 나름대로 견해를 표명하는 것에 대해서는 명예훼손죄로 처벌함에 있어 학문의 자유 및 표현의 자유 보장이라는 차원에서 신중하여야 할 필요가 있고, 피의자의 주장은 고소인의 주장에 대한 자신의 분석 견해 및 재해석 결과를 표명한 것으로서 구체적 사실을 적시하여 명예를 훼손한 것으로

보기 어렵다.

○ 고소인의 입장을 피의자가 재해석하여 표현하는 것임에도 상당히 단정적인 표현을 사용한 것은 다소 부적절한 측면이 있으나, 피의자 스스로 자신이 허위의 사실을 적시하여 고소인의 명예를 훼손한다는 인식을 갖고 위와 같은 글을 발표하였다고 인정할 만한 근거 자료 역시 없으며, 달리 피의사실을 인정할 만한 뚜렷한 자료가 없다.

  ○ 증거불충분하여 혐의없다(한편, 고소인은 피의자가 고소인에 대하여 매국/매사의 인물, 친일파 등으로 표현하여 고소인을 모욕하였다는 취지의 주장도 하고 있으나, 위와 같은 표현 역시 고소인의 글에 대한 피의자 나름의 재해석 결과 및 고소인의 입장에 대한 피의자의 이해 정도를 바탕으로 한 우려를 표현한 것으로서 사회상규에 반하는 내용이라고 보기 어렵다).

2. 〈서울고등검찰청〉의 기소 통지서

서울서부지방검찰청

2015. 7. 8

사건번호   2015년 형 제24013호
수신자   서울서부지방법원
발신자   검사 임무영 (인)

제목   공소장

아래와 같이 공소를 제기합니다.

1. 피고인 관련사항

피고인   이덕일(611007-*******), 53세

            직업 역사연구소장(한가람역사문화연구소), 010-****-****

            주거 서울 마포구 큰우물로 28, ***동 ***호

            (용강동, 래미안 용강아파트)

등록기준지   서울 노원구 상계동 135

죄명   출판물에의한명예훼손

적용법조   형법 제309조 제2항, 제1항, 제307조 제2항.

구속여부   불구속

변호인   없음

2. 공소사실

피고인은 역사학자로서 한가람역사문화연구소 소장이다. 피고인은 2014년 9월 4일 경 '우리 안의 식민사관'이라는 책을 집필하여 발간하였다. 위 책에는 피해자 김현구가 쓴 '임나일본부설은 허구인가'라는 저서를 다룬 내용이 있다.

피해자는 위 책에서 "최초 임나일본부설을 주장한 일본인 스에마쓰 야스카즈의 설의 핵심이 일본이 한반도 남부를 200년간 지배했다는 데 있지 임나일본부라는 기구의 존재나 성격에 있지 않다는 점을 밝히고,

한국 역사학자들이 일본서기의 신빙성을 부정함으로써 일본의 임나일본부설을 반박하면서도 일본서기의 기술 중 한국에 유리한 자료들은 신빙하는 문제점을 지적한 후, 타 사료와의 비교 및 교차검증을 통해 일본서기의 기술 중 신빙성을 인정할 수 있는 부분, 모순점, 허구가 명확한 부분을 정리하고, 일본서기가 임나일본부설을 채택하게 된 경위를 추적한 다음, 일본서기의 기술을 믿는다 하더라도 역사적으로 임나일본부라는 명칭 자체가 성립될 수 없고, 기원 후 369년부터 6세기 초반까지 한반도의 가야 지역은 백제가 목씨 일족을 통해 경영한 것이지 일본이 점령하여 통치한 것이 아니라는 결론을 내렸으며, 백제와 일본 야마토 정권과의 관계는 정치적으로는 백제의 왕자나 공주가 왜의 천황가와 혼인을 맺고, 고위 관료층간에 인적 교류가 있었으며, 백제의 왕자가 현 천황가의 시조가 되는 등 매우 친밀한 관계였고, 실리적으로는 백제가 선진문물을 전수하면서 그 대가로 왜인을 용병으로 받아들이는 관계였다"는 견해를 밝혔다.

즉 피해자의 견해는 임나일본부라는 명칭을 부정함은 물론, 일본이 고대사의 특정 시기에 가야를 비롯한 한반도 남부 일정 지역을 점령하거나 통치했다는 사실을 일본인이 신봉하는 일본서기의 사료를 이용해 반박하는 내용이었다.

그럼에도 불구하고 피고인은 '우리 안의 식민사관'에서 피해자가 "임나일본부를 지배한 것은 백제인데, 그 백제를 지배한 것은 야마토 정권이다", "백제는 야마토 정권의 속국이고, 야마토 조정이 백제를 통해 한반도 남부를 통치했다", "임나일본부가 한반도 남부를 지배했다", "임나일본부설이 사실이다", "야마토 정권이 신라·고구려로부터 조공을 받는 상국이다"라고 주장하고, "스에마쓰의 논리를 검토한다는 명목으로 스에마쓰의 논리를 받아들이고", "일본서기를 모두 사실로 받아들여 고대 한국이 일본의 식민지였고", "야마토국이 백제의 상국이라는 새로운 논리를 개발"한 사람이라고 표현함으로써 피해자가 스에마쓰설을 비판하지 않았고, 피해자는 일본서기만을 유일한 자료로 신빙하여 일본이 임나를 통해 한반도 남부를 지배했다고 주장하는 등 일본 극우파의 시각에 동조하여 나라를 팔아먹은 이완용과 같은 매국행위를 했다고 주장했다.

그러나 피해자의 책에는 피고인의 주장과 같은 내용이 들어 있지 않았다.

이로써 피고인은 피해자를 비방할 목적으로, 출판물에 의하여 공연히 허위의 사실을 적시하여 피해자의 명예를 훼손하였다.

3. 1심판결문

〈1심판결문〉

서울서부지방법원

판결

사건	2015고단1605 출판물에의한명예훼손
피고인	A
검사	임무영(기소), 임정빈(공판)

변호인	변호사 이민석, 윤홍배
	법무법인 이도
	담당 변호사 박찬종
판결선고	2016. 2. 5.

주문

피고인을 징역 6월에 처한다.

다만, 이 판결 확정일로부터 2년간 위 형의 집행을 유예한다.

이유

범죄 사실

피고인은 역사학자로서 △△역사문화연구소 소장이다. 피고인은 2014. 9. 4.경 "○○ ○○ ○○○○"이라는 책을 집필하여 발간하였다. 위 책에는 피해자 B가 쓴 "□□□□□□□ □□□□"라는 저서를 다룬 내용이 있었다.

피해자는 위 책에서 "최초 임나일본부설을 주장한 일본인 스에마쓰 야스카즈의 설의 핵심이 일본이 한반도 남부를 200년간 지배했다는 데 있지 임나일본부라는 기구의 존재나 성격에 있지 않다는 점을 밝히고, 한국 역사학자들이 일본서기의 신빙성을 부정함으로써 일본의 임나일본부설을 반박하면서도 일본서기의 기술 중 한국에 유리한 자료들은 신빙하는 문제점을 지적한 후, 타 사료와의 비교 및 교차검증을 통해 일본서기의 기술 중 신빙성을 인정할 수 있는 부분, 모순점, 허구가 명확한 부분을 정리하고, 일본서기가 임나일본부설을 채택하게 된 경위를 추정한 다음, 일본서기의 기술을 믿는 다 하더라도 역사적으로 임나일본부라는 명칭 자체가 존재할 수 없고, 기원 후 369년부터 6세기 초반까지 한반도의 가야 지역은 백제가 목씨 일족을 통해 경영한 것이지 일본이 점령하여 통치한 것이 아니라는 결론을 내렸으며, 백제와 일본 야마토 정권과의 관계는 정치적으로는 백제의 왕자나 공주가 왜의 천황가와 혼인을 맺고, 고위 관료층 간에 인적 교류가 있었으며, 백제의 왕자가 현 천황가의 시조가 되는 등 매우 친밀한 관계였고, 실리적으로는 백제가 선진문물을 전수하면서 그 대가로 왜인을 용병으로 받아들이는 관계였다"는 견해를 밝혔다.

즉, 피해자의 견해는 임나일본부라는 명칭을 부정함은 물론, 일본이 고대사의 특정 시기에 가야를 비롯한 한반도 남부 일정 지역을 점령하거나 통치했다는 사실을 일본인이 신봉하는 일본서기의 사료를 이용해 반박하는 내용이었다.

그럼에도 불구하고 피고인은 "○○ ○○ ○○○○"에서, 피해자가 "□□ □□□□□ □□□□"에서 ① "임나일본부설이 사실이다", ② "백제는 야마토 조정의 속국·식민지이고, 야마토 조정이 백제를 통해 한반도 남부를 통치했다"고 주장했다고 기술하고, ③ "일본서기를 사실로 믿고, 스에마쓰 야스카즈의 임나일본부설을 비판하지 않고 있다"고 기술하였다.

그러나 사실은 피해자의 책에는 위에서 본 바와 같이 피고인의 기술과 같은 내용이 들어 있지 않았다.

한편, 피고인은 "○○ ○○ ○○○○"에서 위와 같은 허위사실을 근거로 피해자가 친일매국행위를 하였다면서 친일·식민사학자로 비난하며, 피해자의 소행을 구한말의 이완용 일파의 매국 행위에 비유하는 것은 지나친 비유가 아니라고 주장하였다.

이로써, 피고인은 피해자를 비방할 목적으로, 출판물에 의하여 공연히 허위의 사실을 적시하여 피해자의 명예를 훼손하였다.

증거의 요지

1. 피고인의 일부 법정진술
1. 증인 B의 법정진술
1. 별책 1권 '삼국사기는 조작되었는가? B씨의 고소에 대하여'
1. 별책 2권 '□□□□□□ □□□□', 별책 3권 '○○ ○○ ○○○○'
1. 서평 등 신문기사
1. 고소장, 의견서, 의견서(Ⅱ)

헌법적 쟁점

1. 언론·출판 등의 자유와 개인의 인격권의 충돌의 조정

가. 우리 헌법은 제21조 제1항에서 "모든 국민은 언론·출판의 자유와 집회·결사의 자유를 가진다"고 규정하되, 한편 같은 조 제4항에서 "언론·출판은 타인의 명예나 권리 또는 공중도덕이나 사회윤리를 침해하여서는 아니 된다. 언론·출판이 타인의 명예나 권리를 침해한 때에는 피해자는 이에 대한 배상을 청구할 수 있다"고 규정하고 있고, 헌법 제22조 제1항은 "모든 국민은 학문과 예술의 자유를 가진다"고 규정하고 있다.

나. 언론·출판 등의 표현행위에 의하여 타인의 명예의 침해를 초래하는 경우에는 인격권으로서의 개인의 명예보호와 표현의 자유가 충돌하고 그 조정이 필요하므로 어떠한 경우에 인격권의 침해행위로서 이를 규제할 수 있는지에 관하여는 헌법상 신중한 고려가 필요하다고 할 것이다(대법원 2005. 1. 17. 자 2003마1477 결정 등).

다. 이에 대법원은 그러한 헌법적 고려를 전제로 "형사상이나 민사상으로 타인의 명예를 훼손하는 경우에도 그것이 진실한 사실로서 오로지 공공의 이익에 관한 때에는 그 행위에 위법성이 없다고 할 것인데, 여기서 '오로지 공공의 이익에 관한 때'라 함은 적시된 사실이 객관적으로 볼 때 공공의 이익에 관한 것으로서 행위자도 공공의 이익을 위하여 그 사실을 적시한 것이어야 하며, 이 경우에 적시된 사실이 공공의 이익에 관한 것인지의 여부는 그 적시된 사실의 구체적 내용, 그 사실의 공표가 이루어진 상대방의 범위, 그 표현의 방법 등 그 표현 자체에 관한 제반 사정을 고려함과 동시에 그 표현에 의하여 훼손되거나 훼손될 수 있는 명예의 침해 정도 등을 비교·고려하여 결정하여야 한다(대법원 2006. 12. 22. 선고 2006다15922 판결 등 참조)"고 판시하고, "타인에 대한 학문적 비판의 결과, 그로 인하여 타인의 명예 등 인격권을 침해하는 경우에 학문의 자유 보장과 개인의 명예보호라는 두 법익을 어떻게 조정할 것인지는, 그 비판행위로 얻어지는 이익, 가치와 공표가 이루어진 범위의 광협, 그 표현 방법 등 그 비판행위 자체에 관한 제반 사정을 감안함과 동시에 그 비판에 의하여 훼손되거나 훼손될 수 있는 타인의 명예 침해의 정도를 비교·고려하여 결정하여야 하되, 학문적 목적을 위한 언론·출판의 자유가 고도로 보장되고, 학문적 의미의 검증을 위한 문제의 제기가 널리 허용되어야 한다고 하더라도 구체적 정황의 뒷받침도 없이 악의적으로 모함하는 일이 허용되지 않도록 경계해야 함은 물론, 구체적 정황에 근거한 것이라 하더라도 그 표현방법에 있어서는 상대방의 인격을 존중하는 바탕 위에서 어휘를 선택하여야 하고, 아무리 비판을 받아야 할 사항이 있다고 하더라도 모멸적인 표현으로 모욕을 가하는 일은 허용될 수 없다(대법원 2014. 9. 4. 선고 2012도13718 판결 등 취지 참조)"는 취지로 판시함으로써, 구체적 사건에 있어서 양자의 법익에 대한 비교형량을 통하여 양자의 우위관계를 판단해야 한다는 기본 입장에 서 있다.

또한, 대법원은 이와 궤를 같이 하여, "출판물에 대한 발행·판매 등의 사전금지는 그 대상이 종교단체에 관한 평가나 비판 등의 표현행위에 관한 것이라고 하더라도 원칙적으로 허용되어서는 안 될 것이지만, 다만 그와 같은 경우에도 그 표현내용이 진실이 아니거나 그것이 공공의 이해에 관한 사항으로서 그 목적이 오로지 공공의 이익을 위 한 것이 아니며, 또한 피해자에게 중대하고 현저하게 회복하기 어려운 손해를 입힐 우려가 있는 경우에는 그와 같은 표현행위는 그 가치가 피해자의 명예에 우월하지 아니 하는 것이 명백하고, 또 그에 대한 유효적절한 구제수단으로서 금지의 필요성도 인정되므로 이러한 실체적인 요건을 갖춘 때에 한하여 예외적으로 사전금지가 허용된다(대법원 2005. 1. 17.자 2003마1477 결정 등 참조)"고 판시하며 예외적으로 언론·출판의 자유에 대한 사전금지가 허용되는 요건을 제시한 바 있다.

2. 이 사건에서의 쟁점

검사는, 피고인이 "○○ ○○ ○○○○"에서, {피해자가 "□□□□□□ □□□□"에서 판시 ① 내지 ③의 내용을 주장했다}고 기술한 내용을 허위의 사실로 특정하여, 형법 제309조 제2항의 허위의 사실 적시에 의한 출판물에 의한 명예훼손죄로 기소하였고, 이에 대하여 피고인 및 변호인은, 기본적으로 피고인의 위 기술 내용은 표현의 자유 내지 학문의 자유의 보호영역 안에 있는 사항으로써, 형사상 처벌할 대상이 아니라고 주장한다.

결국, 이 사건 역시 피고인의 표현의 자유 내지 학문의 자유와 피해자의 인격권이 충돌하는 사안으로서, 과연 피고인의 표현 등의 자유의 헌법적 한계가 어디까지인가가 기본적인 쟁점이라고 할 것이다. 이하에서는 출판물에 의한 명예훼손죄에 있어 위와 같은 헌법적 고려가 녹여져 있는 법리에 따라, 그 구성요건별로, (1) 피고인이 {피해자가 "□□□□□□ □□□□"에서 판시 ① 내지 ③의 내용을 주장했다}고 기술한 내 용이 '구체적 사실'의 적시인지, 아니면 '의견의 표명'에 불과한 것인지, (2) 위 기술한 내용이 '허위'의 사실인지, (3) 피고인에게 허위의 점에 대한 '인식'이 있었는지, (4) 피고인에게 '비방할 목적'이 인정되는지에 관하여 살펴본다.

피고인 및 변호인의 주장에 대한 판단

1. '사실의 적시'인지 여부

가. 주장

피고인 및 변호인은, 이 사건 공소사실 중 허위의 사실이라고 적시된 부분은 모두 역사학자인 피고인의 의견 표명에 해당할 뿐, 구체적 사실의 적시가 아니라고 주장한다.

나. 판단

(1) 법리 명예훼손죄에 있어서의 '사실의 적시'란 가치판단이나 평가를 내용으로 하는 의견표현에 대치되는 개념으로서 시간과 공간적으로 구체적인 과거 또는 현재의 사실관계에 관한 보고 내지 진술을 의미하는 것이며, 그 표현내용이 증거에 의한 입증이 가능한 것을 말하고 판단할 진술이 사실인가 또는 의견인가를 구별함에 있어서는 언어의 통상적 의미와 용법, 입증가능성, 문제된 말이 사용된 문맥, 그 표현이 행하여진 사회적 상황 등 전체적 정황을 고려하여 판단하여야 한다(대법원 1998. 3. 24. 선고 97도2956 판결 등 참조).

(2) 판단 이 사건에 돌아와 살피건대, 피고인이 "○○ ○○ ○○○○"(이하 '이 사건 서적'이라 한다)에서 [피해자가 "□□□□□□ □□□□"(이하 '피해자 집필 서적'이라 한다)에서 판시 ① 내지 ③의 내용을 주장했다]고 기술한 부분은, 시·공간적으로 구체적인 과거의 사실관계로서, 피해자가 피해자 집필 서적에서 위와 같은 내용을 주장했다는 보고 내지 진술에 해당하는 것인 바, 피해자가 실제로 위와 같이 주장했는지 여부가 피해자의 위 서적의 내용을 통하여 충분히 입증 가능할 뿐만 아니라, 피고인이 사용한 언어의 통상적 의미와 용법, 문제된 말이 사용된 문맥 등 전체적 정황을 고려하더라도, 피해자가 '임나일본부설'을 긍정하는 친일식민사관에 무비판적으로 따르는 식민사학자라는 인상을 줌으로써 피해자의

인격권을 침해하는 것이라고 할 수 있으므로, 피고인이 이 사건 서적에서 기술한 내용은 피고인의 역사학자로서의 단순한 의견표명으로 볼 수 없고, 구체적인 사실을 적시한 것으로 봄이 상당하므로, 피고인 및 변호인의 위 주장은 받아들이지 아니한다.

2. '허위'의 사실인지 여부

가. 주장

피고인 및 변호인은, 피고인은 역사학자로서 학자적 양심에 입각하여 '진실'한 사실만을 적시하였을 뿐, '허위'의 사실을 적시한 바는 없다고 주장한다.

나. 판단

(1) 법리 형법 제309조 제2항의 출판물에 의한 명예훼손죄로 기소된 사건에서, 사람의 사회적 평가를 떨어뜨리는 사실이 적시되었다는 점, 그 적시된 사실이 객관적으로 진실에 부합하지 아니하여 허위일 뿐만 아니라 그 적시된 사실이 허위라는 것을 피고인이 인식하고서 이를 적시하였다는 점은 모두 검사가 입증하여야 하고, 이 경우 적시된 사실이 허위의 사실인지 여부를 판단함에 있어서는 적시된 사실의 내용 전체의 취지를 살펴보아 중요한 부분이 객관적 사실과 합치되는 경우에는 그 세부에 있어서 진실과 약간 차이가 나거나 다소 과장된 표현이 있다고 하더라도 이를 허위의 사실이라고 볼 수는 없다(대법원 1997. 2. 14. 선고 96도2234 판결, 2000. 2. 25. 선고 99도4757 판결 등 참조).

(2) 판단 이 사건에 돌아와 살피건대, 아래에서 보는 바와 같이, [피해자

가 피해자 집필 서적에서 판시 ① 내지 ③의 내용을 주장했다)는 부분은 위 법리에 비추어보더라도, 세부에 있어서 진실과 약간 차이가 나거나 다소 과장된 표현이 있는 정도를 넘어서, 중요한 부분이 객관적 사실과 합치되지 않는 명백히 허위인 사실이므로, 피고인 및 변호인의 위 주장은 받아들이지 않는다(위와 같은 사유로 2015. 8. 10. 서울서부지방법원 2014카 합553호 출판금지가처분 사건에서 각 그 해당 허위사실에 대하여 출판금지가처분이 내 려진 바 있다).

(가) 판시 ① "임나일본부설이 사실이다"라고 주장했다는 부분에 대한 판단 피고인은 이 사건 서적에서, "임나일본부설이 사실이라는 B"(제337쪽 제14행), "B는 최근 '□□□□□□□ □□□□'라는 책에서 임나일본부가 실제로 한반도 남부를 지배했다고 쓴 인물이다"(제338쪽 제5~7행)라고 기술하였다.

그러나, 피해자는 피해자 집필 서적에서 위와 같이 주장한 사실이 없다.

오히려, 피해자는 아래와 같이 피해자 집필 서적 여러 곳에서 임나일본부설을 비판적으로 검토한 후 결론 부분에서 '임나일본부설'의 주된 근거사료인 일본서기에 오류가 있음을 지적하며 '임나일본부설'을 부정하는 것으로 자신의 주장을 마무리하고 있다.

〈피해자 집필 서적 제93쪽〉
'임나일본부'라는 표현 중 '일본(日本)'이라는 표현은 7세기 후반에 생겨난 말로 543년에는 아직 생겨나지도 않았었다. '임나○○부' 또한 당연히 백제의 기관이어야 한다.

〈피해자 집필 서적 제198쪽〉

백제의 임나경영이 절정에 달했던 6세기 백제는 일본 호족의 자제로 백제에 와서 관료로 일하던 인물들의 일부를 임나지역에 배치했다. …(중략)… 그러나 그들이 임나지역에 들어가서 활약하게 된 유래를 잘 알지 못하던 '일본서기'의 편자는 …(중략)… 그들을 야마토정 권에서 파견한 인물들로 오해하여 그들이 소속되었던 백제의 '임나○○부', 그들이 활동하던 백제의 '임나○○현읍'에 그 성격을 분명히 하기 위해 7세기 후반에서 생겨난 '일본'이라는 말을 써넣음으로써 가공의 '임나일본부'나 '임나일본현읍'이라는 것이 생겨났고, 그 '일본'이라는 표현 때문에 후대에 그것들이 마치 야마토 정권의 현지 기관이나 직할령인 것처럼 인식되기 시작한 것이다.

결국 '일본서기'에 야마토 정권이 한반도 남부를 지배한 것처럼 되어버린 것은 '일본서기' 편자의 관계자료에 대한 오해에서 비롯된 것이라고 할 수 있다.

(나) 판시 ② "백제는 야마토 조정의 속국·식민지이고, 야마토 조정이 백제를 통해 한반도 남부를 통치했다"고 주장했다는 부분에 대한 판단

피고인은 이 사건 서적에서, "임나일본부를 지배한 것은 백제인데, 그 백제를 지배한 것은 야마토 정권이라는 것이다"(제340쪽 제18행, 제341쪽 제1행), "B는 백제를 야마토 조정의 속국이라고 주장한다. 야마토 조정이 백제를 통해 한반도 남부를 통치했다는 것이다"(제345쪽 제4~5행), "일본서기를 B는 사실로 모두 받아들이면서 고대 한국이 일본의 식민지였다고 주장하고 있는 것이다"(제351쪽 제4~6행)라고 기술하였다.

그러나, 피해자는 피해자 집필 서적에서 위와 같이 주장한 사실이 없다.

오히려, 피해자는 아래와 같이 백제가 고대 일본에게 선진 문물을 제공하고, 대신 고구려 또는 신라와 한반도 통일을 놓고 각축을 벌이는 과

정에서 고대 일본의 군대를 용병으로 이용하는 관계였다고 주장하였다. 특히, 피해자는 야마토 정권이 백제에 제공한 군사의 규모(500명에서 1,000 명)에 비추어 볼 때, 야마토 정권이 한반도에서 주체적으로 독자적인 작전 을 수행하기는 어려웠다고 생각하며, 이런 면에서도 야마토 정권이 보낸 군대는 소위 한반도 남부경영을 위해서라기보다는 백제를 지원하기 위한 군대였다고 보는 것이 타당하다고 주장하였다.

〈피해자 집필 서적 제133쪽〉
따라서 스에마쓰가 근거로 삼는 '일본서기'에 의하는 한 적어도 야마토 정권이 임나를 근거지로 백제와 신라를 간접 지배했다는 설은 성립될 수 없을 것이다.

〈피해자 집필 서적 제144쪽〉
당시 두 나라의 관계를 보면, 백제는 야마토 정권에 선진문물을 제공하고 야마 토 정권은 백제에 군원을 제공하는 관계였다고 할 수 있다. …(중략)… 그렇다면 당시 야마토 정권과 백제와의 관계는 넓은 의미에서 용병관계였다고 정의할 수 있을 것이다.

〈피해자 집필 서적 제147~148쪽〉
당시 야마토 정권이 백제에 제공한 군사의 규모가 500명에서 1,000명을 넘지 않 았다면 그 규모 면에서도 야마토 정권이 한반도에서 주체적으로 독자적인 작전 을 수행하기는 어려웠다고 생각한다. …(중략)… 이런 면에서도 야마토 정권이 백 제에 보낸 군대는 소위 한반도 남부경영을 위해서라기보다는 백제를 지원하기 위한 군대였다고 보는 것이 타당하지 않을까 싶다.

〈피해자 집필 서적 제148쪽〉
'일본서기' 544년 기록에서 …(중략)… 라는 내용을 보더라도 야마토 정권이 보낸

군대가 백제를 지원하는 성격을 띠고 있었음을 잘 알 수 있다.

〈피해자 집필 서적 제149~151쪽〉
고구려의 주 타깃은 신라보다는 백제였다. 따라서 백제로서는 대고구려전에서
신라와 동맹관계를 유지하기 위해 가능한 한 남방 가야지역에서 신라와 직접적
인 충돌을 피하지 않으면 안 될 처지에 있었다. …(중략)… 당시 백제는 야마토 정
권으로부터 지원받은 군사를 임나와 신라의 접경지역에 배치하고 있었다. 그리
고 그 지휘관으로는 왜계 백제관료 등을 배치하고 있었다. 신라와의 직접적인
충돌을 피하기 위해서는 …(중략)… 그 수는 많지 않지만 신라와의 접경인 임나
지역에 야마토 정권으로부터 제공받은 군대나 왜계 지휘관을 배치하는 것이 유
리하다고 생각했기 때문이 아닌가 생각한다.

(다) 판시 ③ "일본서기를 사실로 믿고, 스에마쓰 야스카즈의 임나일본
부설을 비판 하지 않고 있다"고 기술한 부분에 대한 판단

피고인은 이 사건 서적에서, "일본서기만을 근거로 백제를 일본의 속국
으로 보고 있다, 아마 일본에도 B만큼 일본서기 기사를 철저하게 사실
로 받아들이는 학자를 찾기는 쉽지 않을 것이다"(제350쪽 제15행~제351쪽 제
1행), "일본서기를 B는 사실로 모두 받아들이면서 고대 한국이 일본의 식
민지였다고 주장하고 있다"(제351쪽 제4~6행), "B는 '임나일본부설'의 신봉
자인 스에마쓰 야스카즈의 임나일본부설을 비판하지 않고 있다"(제339쪽
제11~13행)고 기술하였다.

그러나, 피해자는 피해자 집필 서적에서 위와 같이 주장하거나 기술한
사실이 없다.

오히려, 피해자는 아래와 같이 일본서기를 맹목적으로 신뢰하는 것이

아니라 역사연구의 바탕인 사료들 중 하나로 파악하고 객관적인 사료비판을 통해 일본 학자들이 주장하는 임나일본부설의 근거가 되고 있는 일본서기의 내용 중 오류가 있음을 지적하며, 이러한 일본서기에 근거한 스에마쓰 야스카즈의 임나일본부설을 명백히 비판하고 있다.

〈피해자 집필 서적 제32쪽〉
1985년 춘천 H대학교 주최로 '동양 고대문헌의 신빙성'이라는 제목의 심포지엄이 개최되었다. 일본문헌에 대한 발표를 맡았던 나는 "일본 최고 사서인 '일본서기'는 그 명칭조차 분명하지 않고 그 내용에도 문제가 많지만 중요한 역사적 사실도 담고 있는 만큼 그 내용 을 믿을 수 없다고만 할 것이 아니라 그 내용을 하나하나 객관적으로 검토하여 날조된 것은 버리고 역사적 사실은 받아들여야 한다"는 요지로 발표했다. …(중략)… 이제부터라도 '일본서기'에 대한 객관적인 사료비판을 통해 어떤 것은 사실이고 어떤 것은 작위·윤색되었는지를 밝히고 객관적으로 확인된 사실들을 바탕으로 한반도 남부경영론을 비판해야 할 것이다.

〈피해자 집필 서적 제45쪽〉
그러나 징구우황후 49년 기록을 세밀히 살펴보면 야마토 정권의 작전이라기보다는 오히려 백제의 작전이 아닌가 하는 의문이 생긴다.

〈피해자 집필 서적 제50쪽〉
그런데 '일본서기' 편자가 백제장군인 목라근자를, 이름은 없고 성과 씨만 있는 왜장 아라타와케, 카가와케의 증원군으로 갖다붙임으로써, 가야7국 평정이나 '남만' 침미다례 정복 등 목라근자가 이끄는 백제군의 작전이 전부 야마토 정권에 의한 것처럼 되어버린 것이다.

〈피해자 집필 서적 제60쪽〉
382년 가야를 구원함으로써 가야에 대한 영향력을 확보한 나라는 야마토 정권이 아니라 백제였다. 그런데 '일본서기'는 목라근자가 마치 왜인인 것처럼 …(중략)… 표현하여 마치 일본천황이 가야를 구원한 주체인 것처럼 썼다.

〈피해자 집필 서적 제95쪽〉
'일본서기'에 야마토 정권이 임나를 경영한 것처럼 되어 있는 내용의 원형이 무엇이었는지를 밝히다보니 사실은 백제의 이야기였다는 결론에 이르게 되었다.

〈피해자 집필 서적 제199쪽〉
결국 '일본서기'에 야마토 정권이 한반도 남부를 지배한 것처럼 되어버린 것은 '일본서기'의 편자의 관계자료에 대한 오해에서 비롯된 것이라고 할 수 있다.

1. 허위의 점에 대한 '인식'이 있었는지 여부

가. 주장

피고인 및 변호인은, 비단 피해자의 피해자 집필 서적뿐만 아니라, 피해자가 와세다대학에서 박사학위를 받은 논문인 "▽▽▽▽▽▽ ▽▽▽▽▽ ▽"를 비롯하여, 피해자의 역사관이 보다 적나라하게 드러나 있는 '◇◇◇◇◇◇◇ ◇◇◇' 등 피해자의 저서를 모두 읽어보면, 피해자가 친일식민사학 역사관을 가지고 있다는 점은 분명하게 드러나는 바, 학자의 양심으로 진실하다고 믿는 역사적 사실에 관하여 줄곧 뚜렷하고 소신 있는 의견을 밝혀온 피고인에게 그 허위에 대한 인식이 있을 수 없다고 주장한다.

나. 판단

(1) 법리 형법 제307조 제2항의 허위사실 적시에 의한 명예훼손죄에서 적시된 사실이 허위인지 여부를 판단함에 있어서는 적시된 사실의 내용 전

체의 취지를 살펴볼 때 세부적인 내용에서 진실과 약간 차이가 나거나 다소 과장된 표현이 있는 정도에 불과하다면 이를 허위라고 볼 수 없으나, 중요한 부분이 객관적 사실과 합치하지 않는다면 이를 허위라고 보아야 한다. 나아가 행위자가 그 사항이 허위라는 것을 인식하였는지 여부는 성질상 외부에서 이를 알거나 증명하기 어려우므로, 공표된 사실의 내용과 구체성, 소명자료의 존재 및 내용, 피고인이 밝히는 사실의 출처 및 인지 경위 등을 토대로 피고인의 학력, 경력, 사회적 지위, 공표 경위, 시점 및 그로 말미암아 예상되는 파급효과 등의 여러 객관적 사정을 종합하여 판단할 수밖에 없으며, 범죄의 고의는 확정적 고의뿐만 아니라 결과 발생에 대한 인식이 있고 그를 용인하는 의사인 이른바 미필적 고의도 포함하므로 허위사실 적시에 의한 명예훼손죄 역시 미필적 고의에 의하여도 성립한다(대법원 2014. 3. 13. 선고 2013도12430 판결 등 참조).

(2) 판단 이 사건에 돌아와 위 법리에 비추어 살피건대, 이 사건 증거조사 결과 등에 의하여 인정되는 다음의 사정 등에 비추어 보면, 피고인에게 허위에 대한 인식이 있었다고 봄이 상당하므로, 피고인 및 변호인의 위 주장은 받아들이지 아니한다.

ㅇ 피고인은 이 사건 서적에서, "B는 야마토 정권의 시각으로 고구려·백제 및 임나를 본다. 야마토 정권은 신라·고구려에 사신을 전혀 파견하지 않은 반면 신라·고구려는 사자를 파견했다는 것은 무슨 논리인가. 야마토 정권이 신라·고구려로부터 조공을 받는 상국이란 뜻이다"(제342쪽 제7~10행), "야마토 정권은 백제에 15회에 걸쳐서 사신을 보냈는데, 백제는 무려 24회에 걸쳐서 사신을 보냈다고 쓴 것 역시 자주 조공을 바친

백제가 야마토 정권의 속국이라는 이야기다"(제342쪽 제17, 18행, 제343쪽 제1~3행)라고 기술하고 있는데, 우선, 앞서 살펴본 바와 같이 피해자는 피해자 집필 서적에서 백제와 고대 일본의 관계에 대하여, '백제가 고대 일본에게 선진 문물을 제공하는 대신 고대 일본의 군대를 용병으로 이용하는 관계'라고 명확하게 기술하고 있고(이는 피해자의 위 박사학위논문을 비롯한 다른 여러 저서에도 기재되어 있다), 또한, 위 부분 관련되는 곳에서 아래와 같이, 일본서기에 나오는 인적·물적 교류를 전부 역사적 사실이라고 보진 않는다고 밝히고, 다만, 그 빈도는 각국과의 관계의 정도를 보여주는 척도로써는 의미가 있다는 취지로 기술하고 있을 뿐이다.

〈피해자 집필 서적 제132쪽 제1~5행〉
'일본서기'에 보이는 야마토 정권과 한반도 각국의 인적·물적 교류가 전부 역사적 사실을 그대로 반영한다고 보진 않으나, 그 빈도는 적어도 그 관계의 얕고 깊음을 보여주는 척도로써 의미가 있을 수 있다. 교류가 많은 것으로 기록된 나라가 적었던 나라보다는 그 관계가 깊었다고 할 수 있다는 말이다.

〈피해자 집필 서적 제131쪽 제15~17행〉
야마토 정권과 백제의 관계는 임나나 고구려·신라와는 비교도 할 수 없을 만큼 긴밀했다고 볼 수 있다.

〈피해자 집필 서적 제133쪽 제1~4행〉
그렇다면 적어도 스에마쓰가 근거로 삼고 있는 '일본서기'에 의하는 한 적어도 야마토 정권이 임나를 근거지로 백제와 신라를 간접 지배했다는 설은 성립될 수 없을 것이다.

○ 또한, 피고인은, 피해자가 "◇◇ ◇◇◇◇◇◇ ◇◇◇" 중 "2. 백제와 일본 사이의 왕실외교"에서 백제의 왕녀나 남자 왕족들의 도일이 천황을 섬기기 위한 것이었다고 기술하고 있으므로, 피해자는 "백제는 고대 일본의 속국이자 식민지"라는 생각을 가지고 있음이 분명하다는 취지로 주장하나, 피해자는 위 책의 관련되는 부분에서 아래와 같이, 일본서기의 위와 같은 표현은 백제가 일본의 속국이라는 것을 전제로 한 것인데, 당시 백제와 일본은 대등한 관계였으므로, 위와 같은 표현은 사실로 받아들이기 어렵다는 입장을 명기하고 있다(피고인은 증 제10호증의 1로 위 "◇◇ ◇◇◇◇◇◇ ◇◇◇" 발췌본을 제출하였으나, 이 부분에도 피해자의 위와 같은 기술내용이 있는 부분은 제외하고 제출하였다).

〈교대 한일교섭사의 제문제 제165쪽 제3~6행〉
직지의 도일 이유와 관련하여, 일본서기에는 백제가 일본에 무례하여 일본이 백제의 침미 다례 등을 빼앗는다는 내용은 백제의 일본에 대한 복속을 전제로 한 것으로 '일본서기'의 상투적인 수법이다. 따라서 사실로 받아들이기 어렵다고 생각된다.

〈교대 한일교섭사의 제문제 제169쪽 제12~15행〉
그러나, 백제 왕족들이 일본 천황을 섬기기 위해서 파견되었다는 것은 왜왕권에 대한 백제의 복속을 전제로 하고 있는 표현이다. 그러나 당시 백제와 야마토 정권은 대등한 관계에 있었다. 따라서 백제 왕족들이 도일한 참 목적은 다른 데 있었다고 생각된다.

〈교대 한일교섭사의 제문제 제172쪽 제6~7행〉
따라서 백제 왕족들의 파견은 장기적으로 일본과의 우호관계를 다지는 데 있었던 셈이 된다.

○ 또한, 피고인은, "B는 '□□□□□□ □□□□'에서 가야를 임나로 표기한 여러 지도를 실었다. 그런데 B는 이 책에서 가야를 실제 영역보다도 훨씬 크게 그려놓았는데, 그때마다 '가야(임나)'라고 표기했다"고 기술하면서, 위와 같이 광대한 지역을 '임나'로 표기한 지도를 실은 것에 비추어 보면 피해자는 일본 학자들 주장의 '임나일본부설'을 추종하는 것이라고 주장하나, 피해자는 이 사건 저서에서 "광개토왕릉비문에 나오는 '임나가야'는 '○○가야' 중의 하나인 특정한 가야를 지칭하고 있음이 틀림없다. 그리고 '임나가야'의 약칭이 '임나'라는 사실도 더 이를 나위가 없다"(제18쪽 제12~14행), "'임나'가 원래는 특정 가야를 의미했지만, '일본서기'에서만 '임나'가 모든 가야를 의미하는 광의로도 사용되었음을 알 수 있다"(제19쪽 제16~18행)고 기술함으로써, '임나'는 여러 가야 중의 하나일 뿐임을 명기하고 있고, 위 지도가 실린 부분의 본문의 내용이 '일본서기'를 반박하는 내용인 것에 비추어, 피해자는 위 지도를 사실로 인정하는 전제에서 실은 것이 아니라, 일본학자들의 '임나일본부설'의 주장을 반박하기 위한 자료로써 그들이 주장하는 지도를 실은 것으로 봄이 상당하다.

○ 또한, 피고인은, 피해자가 자신의 와세다 대학 박사학위논문인 "▽▽▽▽▽▽ ▽▽▽▽▽▽"의 '제1표'에서, 고구려·백제·신라의 삼국이 수시로 야마토 정권에 사신을 보냈다면서 그 사신을 조공사(朝貢使), 조사자(朝使者), 조사(朝使)라고 표현하고 있는 것에 근거하여, 피해자에 대하여 고대 한국을 야마토 정권의 식민지 내지는 속국이라고 생각하고 있는 식민사학자라고 주장하나, 피해자는 위 논문에서 '제1표'에 대해서는 "일본서기에 나오는 야마토 정권과 관계한 모든 나라와의 인적 교류나 거기에

수반되는 전언·물건의 교류를 정리한 표"라고 기술하고 있어, 위 표현은 일본서기에 나오는 용어를 단순한 자료로써 옮겨 쓴데 따른 결과라고 보여지고, 특히, 피해자는 아래에서 보는 바와 같이 위 논문의 '서장' 중 '2. 사료비판'에서, "'일본서기'에 나오는 '조(調)', '조공사(朝貢使)'라는 표현은 삼국을 속국으로 취급한 표현인데, 당시 야마토 정권과 고구려·신라·백제와의 관계가 대등한 관계였다는 점에서, 위와 같은 표현은 당시의 사실관계를 보여주는 것이 아니고 '일본서기' 편자에 의해 윤색되어 있다고 할 수 있다"고 기술해 놓고 있다.

〈야마토 정권의 대외관계연구 제5쪽 제4~13행〉
우선 윤색된 기사, 즉 그 표현이 문제가 되는 것으로는 '번국', '조', '조공사' 등을 들 수 있을 것이다. 일본서기에는 한반도 삼국을 전부 '번국', 삼국이 야마토 정권에 보내온 것들을 대부분 '조', 그리고 그것을 가지고 온 사자를 '조공사'라고 표현하고 있는 것이다. 이러한 표현이 8세기 일본서기 편찬 당시의 율령 용어로 삼국을 속국으로 취급한 표현임은 이를 나위가 없다. 그러나 고구려·신라와의 관계는 물론이고 백제와의 관계조차도 대등관계였다는 사실이 최근의 연구결과 밝혀졌다. 즉 '삼국사기'는 물론이고 '일본서기'에도 그 원래의 사료에는 백제와의 관계를 대등한 관계에 적합한 '수호', '결호'라고 표현되어 있다고 한다. 이런 점에서 본다면 '번국', '조', '조공사'라는 표현은 당시의 사실관계를 보여주는 것이 아니고 일본서기 편자에 의해 윤색되어 있다고 할 수 있을 것이다.

○ 역사학자인 피고인의 학력, 경력, 사회적 지위 등에 비추어, 피고인은 피해자의 저서들 중, 자신의 피해자의 사관에 대한 비판내용과 명백

히 배치되는 피해자의 위와 같은 기술 내용도 읽었다고 봄이 상당하고, 그것이 무엇을 의미하는지에 대해서도 충분히 인식할 수 있는 능력을 갖추었다고 보임에도, 그 부분에 대해서는 전혀 한마디도 언급하지 않은 채, 자신의 주장에 부합하는 듯한 내용만을 왜곡하여 제시함으로써 피해자에 대한 비판을 가하였는 바, 이에 비추어 자신의 주장이 허위라는 점에 대한 인식이 없었다고 보기 어렵다.

4. '비방할 목적'이 있었는지 여부

가. 주장

피고인 및 변호인은, 피고인이 기술한 내용은, 현재까지도 '한사군 한반도설'과 '임나일본부설'을 골자로 해서 잔존하고 있는 일제 식민사관을 극복하여 우리네 한민족과 대한민국 국가의 정체성을 고양하는데 직결되는 문제로서, 이는 '공공의 이익'에 해당하는 것인 바, 피고인에게 '비방할 목적'이 없었다고 주장한다.

나. 판단

(1) 법리

(가) 형법 제309조 제2항 소정의 '사람을 비방할 목적'이란 가해의 의사 내지 목적 을 요하는 것으로서, 사람을 비방할 목적이 있는지 여부는 당해 적시 사실의 내용과 성질, 당해 사실의 공표가 이루어진 상대방의 범위, 그 표현의 방법 등 그 표현 자체에 관한 제반 사정을 감안함과 동시에 그 표현에 의하여 훼손되거나 훼손될 수 있는 명예의 침해 정도 등을 비교,

고려하여 결정하여야 하는데(대법원 2003. 12. 26. 선고 2003도6036 판결, 대법원 2006. 8. 25. 선고 2006도648 판결 등 참조), 피고인이 주관적 구성요건 등을 다투는 경우 피고인이 표현행위를 할 당시에 구체적으로 인식하고 있었던 사실관계, 그 지위 및 업무 등과 같은 개별적인 사정을 종합적으로 고려하여 그 범죄 의 성립 여부를 판단하여야 한다(대법원 2007. 7. 13. 선고 2006도6322 판결 등 참조).

(나) 한편, 형법 제309조 소정의 '사람을 비방할 목적'이란 가해의 의사 내지 목적을 요하는 것으로서 공공의 이익을 위한 것과는 행위자의 주관적 의도의 방향에 있어 서로 상반되는 관계에 있으므로, 적시한 사실이 공공의 이익에 관한 것인 경우에는 특별한 사정이 없는 한 비방할 목적은 부인될 수밖에 없다(대법원 2005. 4. 29. 선고 2003도2137 판결 등 참조). 그리고 '적시한 사실이 공공의 이익에 관한 경우'라 함은 적시된 사실이 객관적으로 볼 때 공공의 이익에 관한 것으로서 행위자도 주관적으로 공공의 이익을 위하여 그 사실을 적시한 것이어야 하는데, 여기에서 공공의 이익이라 함은 널리 국가·사회 기타 일반 다수인의 이익에 관한 것 뿐 아니라 특정한 사회집단이나 그 구성원 전체의 관심과 이익을 포함한다. 나아가 그 적시한 사실이 공공의 이익에 관한 것인지 여부는 당해 명예훼손적 표현으로 인한 피해자가 공무원 내지 공적 인물과 같은 공인(公人)인지 아니면 사인(私人)에 불과한지, 그 표현이 객관적으로 국민이 알아야 할 공공성·사회성을 갖춘 공적 관심사안에 관한 것으로 사회의 여론형성 내지 공개토론에 기여하는 것인지 아니면 순수한 사적인 영역에 속하는 것인지, 피해자가 그와 같은 명예훼손적 표현의 위험을 자초한 것인지, 그

리고 그 표현에 의하여 훼손되는 명예의 성격과 침해의 정도, 그 표현의 방법과 동기 등의 여러 사정에 비추어 판단하여야 할 것이다(대법원 2007. 6. 14. 선고 2004도4826 판결 등 참조).

(2) 판단

이 사건에 돌아와 위 법리에 비추어 살피건대, 이 사건 증거조사결과 등에 의하여 인정되는 다음의 사정 등에 비추어 보면, 피고인의 행위를 공공의 이익을 위하여 한 것이라고 보기 어렵고, 피고인에게 피해자를 가해할 의사로서 비방할 목적이 있었음이 인정된다고 할 것이므로, 피고인 및 변호인의 위 주장은 받아들이지 아니한다.

○ 위에서 본 바와 같이, 피고인이 기술한 내용은 '허위'의 사실에 해당하고, 피고인이 설사 이를 진실이라고 믿었다고 하더라도, 위에서 살펴본 바와 같이 그에 대한 상당한 이유도 발견하기 어렵다.

○ 피해자 집필 서적의 전체적인 내용은, '고대 일본이 한반도 남부 일정 지역을 점령하거나 통치했다'는 '임나일본부설'을 배척하는 내용임에도 불구하고, 피고인은 그 전체적인 내용은 도외시하거나 자신의 출판의도에 맞게 왜곡한 채 피해자를 친일식민사학자라고 규정지어 이를 접하는 일반 대중들로 하여금 피해자에 대하여 위와 같이 오인하도록 하였다.

○ 피고인은 이 사건 서적에서, 피해자에 대하여 "일본 유학만 갔다 오면 친일을 넘어서 매국까지 나아가는 신기한 행태를 반복하고 있다"(제352쪽 제7~12행), "B를 구한말의 C 일파의 매국 행위에 비유한 D의 비평은 지나친 비유가 아니다"(제352쪽 제17~18행, 제353쪽 제1행), "살아있는 친일

파 B"(제353쪽 제13행), "B 같은 매국·매사 인물이 같은 대학 내에서, 대 선배 교수를 상대로 '이론이 다른 학자 죽이기'를 자행"(제353쪽 제22~23행)이라고 기술하였는 바, 그 표현에 있어 "친일파", "매국", "매사" 등 모욕적인 용어를 사용했다.

○ 피고인은 특정 집단의 구성원들에 대하여만 반포·출판된 출판물이 아니라, 일반 대중들도 손쉽게 구할 수 있는 전파력이 강한 매개체인 대중서적인 출판물을 이용하여 피해자의 명예를 훼손할 만한 사실을 적시하였고, 그로 인하여 ○○대학교에서 10년 이상 '임나일본부와 고대한일관계'라는 제목으로 교양강의를 해왔던 역사교육과 명예교수인 피해자의 명예를 심각하게 훼손하였다.

○ 피고인이 주장하는 일제 식민사관의 극복이라는 주제 자체는 국민이 알아야 할 공공성·사회성을 갖춘 공적 관심사안에 해당한다고 할 것이나, 그렇다고 하여 피고인이 피해자가 명백히 주장 내지 기술하고 있는 내용은 도외시한 채, 피해자가 주장 내지 기술하지도 않은 내용을 마치 주장한 것처럼 그 내용을 왜곡하여 일반 대중들에게 전달하고, 이를 전제로 피해자를 친일식민사학자로 비난함으로써 피해자의 명예를 훼손하는 것까지 '공공의 이익'에 관한 것으로 무분별하게 허용할 수는 없다.

○ 학문적 목적을 위한 언론·출판의 자유가 고도로 보장되고, 학문적 의미의 검증을 위한 문제의 제기가 널리 허용되어야 하므로, 타인의 학문적 연구결과에 대한 비판 제기는 설령 그러한 비판이 학문적으로 정당하지 않은 것이라고 하더라도 허용됨이 상당하다고 할 것이나, 그렇다고 하여, 타인의 학문적 연구결과 자체를 왜곡하고 자신의 주장에 맞게 재단

한 후 그러한 허위사실을 전제로 모욕적 언사로 다른 학자를 모함하는 것은 타인의 인격권 뿐만 아니라 그의 학문의 자유도 침해하는 것으로서 언론·출판의 자유 내지 학문의 자유의 헌법적 보호의 울타리를 벗어난다고 봄이 상당하다.

법령의 적용

1. 범죄사실에 대한 해당법조 및 형의 선택
형법 제309조 제2항, 제1항, 제307조 제2항(징역형 선택)

1. 집행유예
형법 제62조 제1항(아래의 유리한 정상 참작)

양형의 이유

피고인은 수많은 저술활동과 사회활동을 통하여 대중에게 널리 알려진 역사학자 중의 한 명으로서, ○○대학교 역사교육과 명예교수인 피해자에 대하여 비방할 목적으로 허위의 사실을 적시하여 그 명예를 훼손하였는 바, 그 대중에 대한 영향력이나 파급력에 비추어 피해자에 대한 명예훼손의 정도가 매우 크다. 또한, 피해자 집필 서적을 직접 읽어본 일반 국민이라면 누구나 피고인이 이 사건 서적에서 피해자에 대하여 기술한 내용이 허위라는 사실을 알 수 있을 것으로 보이고, 피고인 역시 자신의 피해자에 대한 친일식민사학자라는 비판이 피해자가 주장하지도 않았거나, 명백히 주장한 것과 배치되는 왜곡된 허위의 사실을 전제로 한다는 점을 충분히 인식할 수 있는 객관적 상황이었음에도, 이 법정에서도 자신의 주장이 진실한 사실이라고 강변하면서, 논점을 역사학자들 사이의 역사논쟁으로 흐리려고 하는 등 범행 후의 정황도 좋지 않다. 피고인은 또한, 자신이 식민사관을 비판하였다는 이유로 이 형사법정에 서게 되었다고 자신이 식민사학 카르텔의 피해자라고 주장하나, 피고인에게 유죄가 인정되는 것은 식민사관을 비판하였다는 이유가 아니라, 피해자가 주장하지도 않은 허위의 사실을 전제로 피해자를 식민사학자로 규정지음으로써 피해자의 명예를 훼손한 데 있다는 점에서, 적어도 이 사건에서만큼은 피고인의 위와 같은 주장 역시 자신을 정당화시키기 위한 포장에 불과하다고 보인다. 이러한 여러 사정 등을 감안하면 피고인에게 법에 따르는 엄중한 처벌이 필요하다.

다만, 피고인이 아무런 전과 없는 초범인 점, 학문적 연구의 과정에서 이 사건 범행에 이르는 등 범행의 경위에 참작할 만한 사정이 있는 점 등을 고려하여 주문과 같이 형을 정한다.

4. 2심 판결문

〈2심 판결문〉
서울서부지방법원
제1형사부

판결

사건	2016노287 출판물에의한명예훼손
피고인	이덕일, 역사연구소소장
	주거 서울 마포구 큰우물로 28
	(용강동, 래미안용강아파트)
	등록기준지 서울 용산구 후암동 359
항소인	쌍방
검사	임무영(기소), 정재현(공판)
변호인	법무법인 바른, 담당변호사 김용균, 박상오
	법무법인 서울, 담당변호사 이석연
원심판결	서울서부지방법원 2016. 2. 5. 선고 2015고단1605 판결
판결선고	2016. 11. 3.

주문

원심판결을 파기한다.

피고인은 무죄.

이 판결의 요지를 공시한다.

이유

1. 항소이유의 요지

가. 피고인의 사실오인 또는 법리오해 주장

피고인이 자신의 책에서 제기한 주장은 사실의 적시가 아니라 의견의 표명일 뿐이고, 피고인에게는 허위 사실에 대한 인식이나 비방의 목적도 없었다. 게다가 원심은 변론종결 이후에 검사가 제출한 참고자료를 적법한 절차 없이 증거로 채택하여 유죄판결을 선고하였다. 따라서 원심판결에는 사실을 오인하거나 법리를 오해한 위법이 있다.

나. 쌍방의 양형부당 주장
원심의 형량은 부당하다.

2. 이 사건 공소사실의 요지

피고인은 역사학자로서 한가람 역사문화연구소 소장이다. 피고인은 2014. 9. 4. 경 "우리 안의 식민사관"이라는 책(이하 '이 사건 책'이라 한다)을 집필하여 발간하였다. 위 책에는 김현구가 쓴 "임나일본부설은 허구인가"라는 저서(이하 '김현구의 책'이라 한다)를 다룬 내용이 있었다.

　김현구는 자신의 책에서 "최초 임나일본부설을 주장한 일본인 스에마쓰 야스카즈(이하 이 사건 책 및 김현구의 책에 나오는 표기에 불구하고 통일하여 '스에마쓰'라 한다)의 설의 핵심이 일본이 한반도 남부를 200년간 지배했다는 데 있지 임나일본부라는 기구의 존재나 성격에 있지 않다는 점을 밝히고, 한국 역사학자들이『일본서기』의 신빙성을 부정함으로써 일본의 임나일본부설을 반박하면서도『일본서기』의 기술 중 한국에 유리한 자료들은 신빙하는 문제점을 지적한 후, 타 사료와의 비교 및 교차검증을 통해『일본서기』의 기술 중 신빙성을 인정할 수 있는 부분, 모순점, 허구가 명확한 부분을 정리하고,『일본서기』가 임나일본부설을 채택하게 된 경위를 추정한 다음,『일본서기』의 기술을 믿는다 하더라도 역사적으로 임나일본부라는 명칭 자체가 존재할 수 없고, 기원 후 369년부터 6세기 초반까지 한반도의 가야 지역은 백제가 목씨 일족을 통해 경영한 것이지 일본이 점령하여 통치한 것이 아니라는 결론을 내렸으며, 백제와 일본 야마토 정권(이하 이 사건 책 등의 표기에 불구하고 통일하여 '야마토 정권'이라 한다)과의 관계는 정치적으로는 백제의 왕자나 공주가 왜의 천황가와 혼인을 맺고, 고위 관료층 간에 인적 교류가 있었으며, 백제의 왕자가 현 천황가의 시조가 되는 등 매우 친밀한 관계였고, 실리적으로는 백제가 선진문물을 전수하면서 그 대가로 왜인을 용병으로 받아들이는 관계였다"는 견해를 밝혔다.

즉, 김현구의 견해는 임나일본부라는 명칭을 부정함은 물론, 일본이 고대사의 특정 시기에 가야를 비롯한 한반도남부 일정지역을 점령하거나 통치했다는 사실을 일본인 이 신봉하는 『일본서기』의 사료를 이용해 반박하는 내용이었다.

그럼에도 불구하고 피고인은 이 사건 책에서, 김현구가 자신의 책에서 ① "임나일본부설이 사실이다", ② "백제는 야마토 정권의 속국·식민지이고, 야마토 정권이 백제를 통해 한반도 남부를 통치했다"고 주장했다고 기술하고, ③ "『일본서기』를 사실로 믿고, 스에마쓰의 임나일본부설을 비판하지 않고 있다"고 기술하였다. 그러나 사실은 김현구의 책에는 위에서 본 바와 같이 피고인의 기술과 같은 내용이 들어 있지 않았다.

한편, 피고인은 이 사건 책에서 위와 같은 허위사실을 근거로 김현구가 친일 매국행위를 하였다면서 친일·식민사학자로 비난하며, 김현구의 소행을 구한말의 이완용 일파의 매국행위에 비유하는 것은 지나친 비유가 아니라고 주장하였다.

이로써 피고인은 비방할 목적으로 출판물에 의하여 공연히 허위의 사실을 적시하여 김현구의 명예를 훼손하였다.

3. 판단

가. 이 사건 공소사실 중 ① 부분("임나일본부설이 사실이다"), ③ 부분("『일본서기』를 사실로 믿고 스에마쓰의 임나일본부설을 비판하지 않고 있다")에 관한 판단

먼저 이사건 공소사실 중 피고인이 이 사건 책에 김현구가 자신의 책에서 "임나일본부설이 사실이다"(공소사실 ① 부분)라고 주장한 것으로 기술하였다는 부분과 "『일본서기』를 사실로 믿고 스에마쓰의 임나일본부설을 비판하지 않고 있다."(공소사실 중 ③부분)라고 주장한 것으로 기술하였다는 부분을 합쳐서 같이 살펴본다.

⑴ 이 사건 책에 "임나일본부설이 사실이라는 김현구"(제337면), "김현구는 (중략) 최근『임나일본부설은 허구인가』(2010)라는 책에서 임나일본부가 실제로 한반도 남부를 지배했다고 쓴 인물이다"(제338면) "김현구는 첫째 『삼국사기』 초기 기록 불신론'과 '임나일본부설'의 신봉자인 스에마쓰 야스카즈의 임나일본부설을 비판하지 않고 있다"(제339면), "김현구가 『일본서기』만을 근거로 백제를 일본의 속국으로 보고 있다는 사실을 살펴보았다, 아마 일본에도 김현구만큼 일본 서기 기사를 철저하게 사실로 받아들이는 학자를 찾기는 쉽지 않을 것이다."(제350, 351면), "『일본서기』는 … (중략) …사서인데, 그런 사서를 김현구는 사실로 모두 받아들이면

서 고대 한국이 일본의 식민지였다고 주장하고 있는 것이다"(제351면)와 같은 기술이 있는 것은 사실이다.

(2) 그러나 다른 한편, 이 사건 책에는 다음과 같은 기술도 존재한다.

○ "김현구는 이 책에서 3단 논법을 쓴다. 「① 한반도 남부에는 실제로 임나일본부가 있었다. ② 그런데 임나일본부는 일본의 야마토 정권이 지배한 것이 아니라 백제가 지배했다.」 바로 이 ②번에서 독자들은 헷갈리게 되어 있다. 「탁순에 집결하여 가야 7국을 평정하는 군대의 책임자는 신라를 치러왔다는 야마토 정권의 아라타와케·카가와케가 아니라 증원군이라는 형태를 띠고 등장한 백제장 군목라근자였다고 생각한다.」 김현구는 이런 대목에는 고딕으로 표시했다. 가야 7국을 평정한 장수가 백제 장군 목라근자라면 임나일본부가 한반도 남부에 있었어도 아무 문제가 없는 것이 아닌가란 생각이 들게 하는 것이다. 이처럼 김현구는 임나를 실제로 지배한 것은 야마토 정권이 아니라 백제라는 안전판을 하나 만들어놓았다. 그리고 임나가 실제 한반도 남부를 지배했다고 설명했다. 어떻게 보면 임나를 지배한 것이 백제라는 사실을 밝혀낸 역작처럼 보일 수도 있다. (중략) 그런데 여기서 세 번째 논법이 등장한다. 「③ 백제를 지배한 것은 일본의 야마토 정권이다.」 (이 사건 책 제338-340면)

○ "스에마쓰의 임나일본부설은 4세기 중반부터 6세기 중반까지 야마토 정권이 한반도 남부의 임나를 직접 지배하면서 백제와 신라를 간접 지배했다는 것이다. 임나일본부설을 믿는 일본우익들에게는 스에마쓰의 설이 정설이다. 그런데 김현구는 임나를 지배한 것은 백제였다는 안전

판을 마련한 채 지금의 전라남도 전역과 경상도서 부 및 충청북도와 강원도 일부까지 가야(임나)의 강역이라고 주장하고 있는 것이다. 김현구는 이 책 곳곳에 백제의 지배를 강조해서 자신이 마치 임나일본부설을 비판하는 것 같은 모양새를 취했다." (이 사건 책 제340면)

○ "임나일본부를 지배한 것은 백제인데, 그 백제를 지배한 것은 야마토 정권이라는 것이다. 김현구는 야마토 정권과 신라·고구려·백제의 관계를 중시한다. 만약, 백제가 야마토 조정의 상국이라면 김현구의 논리는 큰 문제가 없을 수도 있다. 그런데 김현구는 그렇게 보지 않는다." (이 사건 책제340, 341면)

○ "일본학자는 야마토 정권이 한반도 남부의 임나를 통해서 한반도 남부를 지배했다는 스에마쓰의 주장을 되풀이한 것이다. 김현구는 임나가 한반도 남부를 지배한 것은 사실인데, 이 임나는 백제가 지배했고, 야마토 정권은 백제를 지배했다는 것이다."(이 사건 책 제344면)

(3) 피고인이 이 사건 책에서 기술한 내용의 전체적인 취지가 위 공소사실 기재와 같은지에 관하여 살펴보건대, 앞서 본 (2)항과 같은 기술 부분 및 아래와 같은 사정과 논거들을 종합하여 보면, 피고인의 글의 취지는, 단순히 '김현구는 스에마쓰가 주장한 임나일본부설을 전혀 비판하지 않았고『일본서기』와 임나일본부설의 내용 전부가 사실이라고 주장하였다'는 것이 아니라, '김현구는 스에마쓰의 임나일본부설 중 임나의 지배주체가 일본의 야마토 정권이라는 부분 및 이와 관련된『일본서기』의 내용을 비판하면서 그 대신 임나를 실질적으로 지배한 것은 백제였다고 주장하

였으나, 스에마쓰의 임나일본부설과 『일본서기』의 내용 중 지배주체 부분을 제외한 나머지 부분은 거의 대부분 사실로 받아들였다'라는 것으로 해석하는 것이 타당하다. 그렇다면 이 사건공소 사실 중 피고인이 이 사건 책에서 '김현구가 자신의 책에서 "임나일본부설이 사실이다", "『일본서기』를 사실로 믿고 스에마쓰의 임나일본부설을 비판하지 않고 있다"라고 주장하였다'고 기술하였다는 부분은, 이 사건 책 중 피고인이 다소 단정적으로 기술한 일부 표현에만 국한하여 글을 해석한 결과 제기된 공소사실로 보이는바, 앞서 본 바와 같은 피고인의 글의 전체적인 취지에 비추어보면, 위 (1)항과 같은 기재 내용만으로 위 공소사실이 입증되었다고 볼 수 없고 달리 이를 인정할 증거가 없다.

ㅇ 어떤 글의 취지를 파악할 때에는 글의 특정한 부분에 사용된 문구나 문장만을 따로 떼어내어 그 부분의 의미에만 매몰되어 해석할 것이 아니라 그 문구나 문장을 전후하여 전개된 논리의 흐름과 그 전반적인 맥락, 저자의 집필의도 등을 종합하여 글의 전체적인 취지를 이해하려고 하여야 한다.

ㅇ 피고인은 위 (2)항에서 보는 바와 같이 위 (1)항과 같은 기재를 전후하여 '김현구가 스에마쓰의 임나일본부설 및 『일본서기』의 내용 중 임나의 지배주체가 야마토 정권이라는 부분을 부정하는 듯 한 주장을 하고 있다'는 기술을 여러 차례 반복하고 있다. 따라서 위 글을 읽은 독자로서는 위 (1)항에 기재된 일부 문장이나 표현에 근거 하여 '김현구가 스에마쓰의 임나일본부설과 『일본서기』의 내용 전체를 그대로 사실로 인정하고 있다'고 인식하지는 않을 것으로 보인다.

○ 앞서 본 바와 같이 이 사건 책에 "김현구는(중략) 임나일본부가 실제로 한반도 남부를 지배했다고 쓴 인물이다"와 같은 기술이 존재하나, 여기에 사용된 '임나일본부'의 의미를 '야마토 정권이 임나를 지배하기 위해 설치한 통치기구'라고 해석할 경우 "임나일본부는 일본의 야마토 정권이 지배한 것이 아니라 백제가 지배했다"라는 피고인 자신의 기술과도 서로 모순되는 점, 이 사건 책의 다른 부분에는 "김현구는 임나를 실제로 지배한 것은 야마토 정권이 아니라 백제", "김현구는(중략) 임나가 실제 한반도 남부를 지배했다고 설명했다", "어떻게 보면 임나를 지배한 것이 백제라는 사실을 밝혀낸 역작처럼 보일 수도 있다", "김현구는 임나를 지배한 것은 백제였다는 안전판을 마련한 채"와 같은 표현이 등장하는 점 등에 비추어 보면, 앞서 본 기술에서의 '임나일본부'는 '야마토 정권이 임나에 설치한 통치기구'라는 의미가 아니라 '지금의 전라남도 전역과 경상도 서부 및 충청북도와 강원도 일부까지 포함하는 지역에 국가 또는 지방정부와 유사한 정치적 실체로 존재하였다고 주장되는 임나'라는 의미로 사용된 것으로 해석하는 것이 타당하다. 그렇다면 앞서본 기술만을 근거로 피고인이 '김현구가 스에마쓰의 임나일본부설을 모두 사실이라고 주장하였다'고 단언하기는 어렵다.

⑷ 다음으로, 앞서 본 해석대로 피고인이 이사건 책에서 '김현구가 자신의 책에서 스에마쓰의 임나일본부설 및 『일본서기』의 내용 중 임나의 지배주체 부분을 제외한 나머지 부분을 비판하지 않았고 이를 사실로 인정하였다'고 기술한 것이 허위 사실인지 여부에 관하여보건대, 아래의 사정

들을 종합하면, 이는 대체적으로 진실에 부합하는 것으로서 허위사실의 적시라고 볼 수 없다.

○ 스에마쓰가 주장하는 임나일본부설의 핵심은 '①임나의 위치(한반도 남부) ②임나의 존속기간(서기369년부터562년까지), ③임나의 지배대상(가야), ④역사적 근거(『일본서기』), ⑤임나의 지배주체(야마토 정권)'로 요약될 수 있는데, 김현구는 자신의 책에서 위 5가지 핵심요소 중 지배주체 부분만을 부정하고 나머지 부분은 전체적으로 스에마쓰의 견해를 따르고 있다.

○ 특히 김현구는 자신의 책에서 가야7국(비자벌, 남가야, 녹국, 안라, 다라, 탁순, 가야)의 지명에 관하여 "특별한 경우가 아니면 지명 비정은 스에마쓰의 설을 따랐다" (김현구의 책 제43면 각주7)고 하였고, 임나의 지배영역을 표시함에 있어서도 별도의 인용 표시 없이 스에마쓰의 학설에 따른 지도를 여러 차례에 걸쳐 그대로 실었는데(김현구의 책 제17, 27, 49, 66, 79, 99, 103, 139, 160면), 그 지도에 표시된 임나는 우리나라 고등학교 교과서에 실린 지도상의 가야보다 훨씬 크게 그려져 있다. 임나의 위치가 한반도 남부가 아니라 일본열도 등 다른 지역이라고 주장하는 소수의 학설들(일본열도설 등)이 없지 않은 상황에서, 김현구는 앞서 본 바와 같이 임나의 위치와 지배영역에 관하여 스에마쓰의 학설을 그대로 따르고 이를 수용하는 듯한 태도를 보였다.

○ 김현구는 자신의 책에서 아래 (나)의 (3), (4)항에서 보는 바와 같이 지진원 사건 등 『일본서기』중 백제와 야마토 정권과의 관계에 관한 내용을 기술함에 있어서도 별 다른 비판적 검토 없이 사실일 가능성이 높다는 취지로 서술하였다.

(5) 가사 위 (1)항에 기재된 문구들을 근거로, 피고인이 이 사건 책에서 '김현구는 임나일본부설이 사실이라면서 야마토 정권이 임나일본부와 같은 통치기구를 통해 임나지역을 직접 지배하였다고 주장하였다'고 기술한 것으로 해석한다고 가정하더라도, 김현구의 책에 나오는 다음과 같은 기술에 비추어 보면, 피고인의 위와 같은 기술은 '김현구는 표면적으로 목라근자와 그 아들 목만치 및 그 후손 등 목씨 일가를 통한 지배라는 외양을 빌어 마치 백제가 임나를 지배한 것처럼 기술하였으나, 목만치와 그 후손이 나중에 일본인이 되고 야마토 정권의 실권까지 장악한 호족이 되었다고 기술한 점 등으로 미루어보면, 실질적으로는 목씨 일가에 의한 지배는 백제에 의한 지배가 아니라 일본 또는 일본인에 의한 지배인 것처럼 보이도록 기술한 것이다'라는 취지로 김현구의 책에 대한 자신의 의견 또는 평가를 밝힌 것이라고 보인다.

○ "목만치가 도일한 뒤 '삼국사기'나 『일본서기』에는 전혀 그의 이름이 등장하지 않는다. 다만 일본에서는 목만치가 도일한 것과 거의 같은 시기에 소가씨의 조상으로서 목만치와 이름이 일치하는 소가만지라는 인물이 등장한다."(김현구의 책 제110 면).

○ "목만치가 도일하여 왜인이 되었음을 잘 말해준다."(김현구의 책 제120면).

○ "도일 후 목만치라는 이름이 『일본서기』 등 일본 측 기록에 전혀 등장하지 않는다는 사실은 그가 다른 이름으로 정착했음을 보여준다." (김현구의 책 제120면).

○ "그 후 백제의 임나경영은 주로 목씨 일족에 의해 이루어졌다. 목라근자의 아들 목만치가 475년 (중략) 도일하였다가 '소가'에 정착하게 된다.

그가 바로 100여 년간 야마토 정권의 실권을 장악했던 소가씨의 조상 소가만지이다."(김현구의 책 제197면).

○ "소가씨는 (중략) 야마토 정권의 실권을 장악한 호족이다. 소가씨는 자연히 야마토 정권을 주도할 수 있게 되었고 (중략) 세 명의 외손을 천황으로 앉히고 그 가운데 스슌천황을 살해하는 등 무소불위의 권력을 휘둘렀다." (김현구의 책 제111면).

○ "그 이전에 임나를 경영하던 인물은 목라근자와 목만치 부자이고 그 뒤를 이어 임나를 경영하던 인물도 목군 유비기, 목군 윤귀 등으로 모두 목씨 일족이었다." (김현구의 책 제92면)

○ "백제의 가야 경영은 목라근자, 목만치, 목군 유비기, 목군 윤귀 등 거의 목씨 일족에 의해 이루어졌음을 앞서 밝힌바 있다." (김현구의 책 제95, 96면).

나. 이 사건 공소사실 ②부분("백제는 야마토 정권의 속국·식민지이고, 야마토 정권이 백제를 통해 한반도 남부를 통치했다")에 관한 판단

다음으로 피고인이 이 사건 책에서 '김현구가 자신의 책에서 "백제는 야마토 정권의 속국·식민지이고, 야마토 정권이 백제를 통해 한반도 남부를 통치했다"고 주장하였다'고 기술한 부분이 사실의 적시인지 의견의 표명인지에 관하여 본다.

(1) 이 사건 책에 "임나일본부를 지배한 것은 백제인데, 그 백제를 지배한 것은 야마토 정권이라는 것이다"(제340, 341면), "김현구는 백제를 야마토

조정의 속국이라고 주장한다. 야마토 조정이 백제를 통해 한반도 남부를 통치했다는 것이다"(제345면), "『일본서기』를 김현구는 사실로 모두 받아들이면서 고대 한국이 일본의 식민지였다고 주장하고 있는 것이다"(제351면) 등의 기술이 있는 것은 사실이다.

⑵ 또한 김현구의 책에 다음과 같은 기술도 존재한다.

　○ "따라서 스에마쓰가 근거로 삼는 『일본서기』에 의하는 한 적어도 야마토 정권이 임나를 근거지로 백제와 신라를 간접 지배했다는 설은 성립될 수 없을 것이다." (김현구의 책 제133면)

　○ "당시 두 나라의 관계를 보면, 백제는 야마토 정권에 선진문물을 제공하고 야마토 정권은 백제에 군원을 제공하는 관계였다고 할 수 있다. (중략) 그렇다면 당시 야마토 정권과 백제와의 관계는 넓은 의미에서 용병 관계였다고 정의할 수 있을 것이다." (김현구의 책 제144면)

　○ "당시 야마토 정권이 백제에 제공한 군사의 규모가 500명에서 1,000명을 넘지 않았다면, 그 규모 면에서도 야마토 정권이 한반도에서 주체적으로 독자적인 작전을 수행하기는 어려웠다고 생각한다. (중략) 이런 면에서도 야마토 정권이 백제에 보낸 군대는 소위 한반도 남부경영을 위해서라기보다는 백제를 지원하기 위한 군대였다고 보는 것이 타당하지 않을까 싶다." (김현구의 책 제147, 148면)

　○ "『일본서기』 544년 기록에서(중략) …라는 내용을 보더라도 야마토 정권이 보낸 군대가 백제를 지원하는 성격을 띠고 있었음을 잘 알 수 있다." (김현구의 책 제148면)

○ "고구려의 주 타깃은 신라보다는 백제였다. 따라서 백제로서는 대고구려 전에서 신라와 동맹관계를 유지하기 위해 가능한 한 남방가야지역에서 신라와 직접적인 충돌을 피하지 않으면 안 될 처지에 있었다.(중략) 당시 백제는 야마토 정권으로부터 지원받은 군사를 임나와 신라의 접경지역에 배치하고 있었다. 그리고 그 지휘관으로는 왜계 백제관료 등을 배치하고 있었다. 신라와의 직접적인 충돌을 피하기 위해서는 (중략) 그 수는 많지 않지만 신라와의 접경인 임나지역에 야마토 정권으로부터 제공받은 군대나 왜계 지휘관을 배치하는 것이 유리하다고 생각했기 때문이 아닌가 생각한다." (김현구의 책 제 149-151면)

⑶ 그러나 다른 한편, 김현구의 책에는 다음과 같은 기술도 함께 존재한다.

○ "『일본서기』에는 야마토 정권이 임나에 직접 의사를 전달한 예가 거의 없을 뿐만 아니라 그 의사도 대부분 백제를 통해서 전달하고 있는 것으로 씌어 있다고 말하자 아무 말이 없었다. 대표적인 몇 가지 예를 제시하면 다음과 같다. 「 (중략) 2) 543년 11월, 쓰모리 노무라지를 보내 백제에 명령하여 "임나의 하한에 있는 백제의 군령, 성주를 일본부에 귀속하라"고 하였다. 아울러 조서를 가지고 가게 하여 "그대는 누차 표를 올려 마땅히 임나를 세워야 한다고 말한 지 10여년이 되었다. 말은 그렇지만 아직도 이루지 못하였다. 임나는 그대 나라의 동량이다. 만일 동량이 부러지면 어떻게 집을 지을 것인가. 짐이 생각하는 바 바로 여기에 있다. 그대는 빨리 세우라. (킴메이천황 4년 11월조). (중략) 4) 544년 11월. 일본의 키비 노오미, 안라의 하한기 대불손, 구취유리, 가야상수위 고전해·졸마

군·사이기군·산반해군의 아들, 다라이 수위 허건지, 자타한기, 구차한기가 백제에 갔다. 이에 백제의 성명왕이 조서를 대략 보이고, "나는 나솔미마사·나솔코렌·나솔요가따 등을 보내 일본에 가게 하였다. 천황께서 조척으로 '빨리 임나를 세우라'고 말씀하셨다. 또 쯔모리 노무라지가 칙언을 받들고 임나를 세웠는가를 물었다. 고로 모두를 부른 것이다. 어떻게 하면 다시 임나를 세울 수가 있을까. 각각 계책을 말하라"고 하였다(킴메이천황 5년 11월조)」위 내용을 보면 야마토 정권은 임나에 대한 의사를 전부 백제를 통해서 전달하고 있다. 그 내용의 사실성 여부는 차치하고『일본서기』에 임나문제에 대해 야마토 정권이 임나에 직접 의사를 전달하는 기록은 거의 없고, 하나같이 백제를 통해서만 의사를 전달한다는 것은 임나 문제에 대하여 야마토 정권은 단순히 백제를 지원하는 위치에 지나지 않았음을 의미한다."(김현구의 책 제133-136면)

○ "먼저 양국 왕실간의 교류를 검토해볼 필요가 있다고 생각한다. 고대에는 국가 간 교류에 있어서도 왕권은 절대적인 영향력을 갖고 있었기 때문이다. 직지왕(재위 405~19)이 그 누이동생 신제도원을 일본에 보낸 뒤 백제에서는 적계여랑, 지진원등 왕녀들을 잇달아 일본에 보냈다. 천황이 지진원을 취하려 했는데 이시까와노따 떼와 관계를 맺었으므로 화형에 처하였다."(김현구의 책 제186면)

○ "지진원 사건(곧 왜의 '천황'이 백제의 왕녀를 불로 태워 죽인 사건)이 발생하자 백제에서는 왕녀 대신 개로왕의 동생 곤지를 필두로 의다랑, 마나군, 사아군 등 남자 왕족들을 보내기 시작한다. 특히 곤지는 477년경 귀국할 때까지 일본에서 다섯 아들을 두었던 것으로 되어 있다. 그중에서

둘째 동성왕과 무령왕이 귀국하여 백제왕이 되었다." (김현구의 책 제187면)

○ "야마토 정권은 직지가 일본에서 귀국하기에 앞서 그를 일본 여인과 혼인을 맺게 했을 가능성이 높다. 그렇다면 동성왕이나 무령왕의 부인도 일본 여인이었을 가능성이 높다. 만약 일본이 백제의 왕자들을 정책적으로 혼인시켜서 돌려보냈다면 그 상대는 (천)황가의 여자들이었을 가능성이 높다, 백제의 왕가에도 일본천황가의 피가 수혈되기 시작한 셈이다." (김현구의 책 제187-188면)

(4) 살피건대 김현구의 책에 담긴 위와 같은 상반된 기술과 아래의 사정 및 논거들을 종합하여 보면, (1)항과 같은 피고인의기술은 '김현구는 표면적, 총론적인 측면에서는 야마토 정권과 백제가 용병관계 등 대등한 관계에 있는 것처럼 기술하였으나, 실질적, 각론적인 측면에서는 마치 백제가 야마토 정권의 식민지나 속국인 것과 같이 기술함으로써 독자들로 하여금 그와 같은 생각이 들도록 만든 것으로 평가할 수 있다"는 주장으로서, 이는 김현구의 책에 숨겨진 이면의 논리에 대한 피고인의 가치판단과 평가를 내용으로 하는 의견표명이라고 보아야 한다. 따라서 피고인의 위와 같은 기술이 허위사실의 적시임을 전제로 한 이 부분 공소 사실은 범죄의 증명이 없으므로, 이 점을 지적하는 피고인의 주장도 타당하다.

○ 명예훼손죄에 있어서의 '사실의 적시'란 가치판단이나 평가를 내용으로 하는 의견표현에 대치되는 개념으로서 시간과 공간적으로 구체적인 과거 또는 현재의 사실관계에 관한 보고 내지 진술을 의미하는 것이며, 그 표현내용이 증거에 의한 입증이 가능한 것을 말하고 판단할 진술

이 사실인가 또는 의견인가를 구별함에 있어서는 언어의 통상적 의미와 용법, 입증가능성, 문제된 말이 사용된 문맥, 그 표현이 행하여진 사회적 상황 등 전체적 정황을 고려하여 판단하여야 한다(대법원 1998. 3. 24. 선고 97도2956 판결 등 참조).

○ 피고인은 다음과 같이 김현구의 책 중 일부분을 그대로 인용한 다음 이를 근거로 이에 대하여 자신이 내린 해석 또는 평가를 이어가는 형식을 취하였다. 그렇다면 이 부분을 읽는 독자들로서는 피고인이 인용한 김현구의 주장을 피고인의 주장과 같이 해석할지 여부를 스스로 고민하여 판단할 것이고 이를 단순한 사실의 적시라고 여기지는 않을 것이다.

① 피고인은 김현구의 책 중 "『일본서기』의 507년에서 562년 사이의 기록 가운데 야마토 정권과 한반도 각국의 인적·물적 교류를 조사해보면 신라·고구려와는 각 각 왕복 2회의 교류밖에 없었다. 그런데 그 교류 내역을 보면 야마토 정권은 신라나 고구려에 전혀 사자를 파견하지 않은 반면 신라와 고구려는 각각 2회씩 야마토 정권에 사자를 파견했다. 임나와는 왕복 8회의 교류가 있었는데 그중 야마토 정권은 3회에 걸쳐 임나에 사자를 파견한 반면 임나는 5회에 걸쳐 야마토 정권에 사자를 파견한 것으로 씌어 있다."는 부분을 그대로 인용한 다음 "김현구는 야마토 정권의 시각으로 고구려·백제 및 임나를 본다. 야마토 정권은 신라·고구려에 사신을 전혀 파견하지 않은 반면 신라·고구려는 사자를 파견했다는 것은 무슨 논리인가. 야마토 정권이 신라·고구려로부터 조공을 받는 상국이란 뜻이다."라고 논의를 이어갔다(이 사건 책 제342면).

② 또한 피고인은 김현구의 책 중 "한편 백제와의 교류를 살펴보면, 왕

복 39회에 걸쳐 사자를 교환하고 있는데 야마토 정권은 15회에 걸쳐 백제에 사자를 파견하거나 군사원조를 제공한 반면 백세는 24회에 길쳐 야마토 정권에 선진 문물을 제공하거나 사자를 파견하고 있다. 중국과는 전혀 교류가 없었다. 따라서 야마토 정권과 백제의 관계는 임나나 고구려·신라와는 비교도 할 수 없을 만큼 긴밀했다고 볼 수 있다."는 부분을 그대로 인용한 후 "야마토 정권은 백제에 15회에 걸쳐서 사신을 보냈는데, 백제는 무려 24회에 걸쳐서 사신을 보냈다고 쓰고 있다. 물론 유일한 근거는『일본서기』다.『삼국사기』「백제본기」에는 왜 이런 내용이 나오지 않을까라는 생각조차 하지 않는다. 이것도 자주 조공을 바친 백제가 야마토 정권의 속국이라는 이야기다."라는 기술을 덧붙였다(이 사건 책 제 342, 343면).

③ 피고인은 피고인의 책 중 "야마토 정권은 전후 5회에 걸쳐 한반도에 원군 내지는 인부들을 파견하고 있는데 그 특징은 전부 백제를 위해 파견했다는 것이다.…… 537년 신라의 임나 침입을 저지하기 위해 파견한 군대도 최종적으로는 백제를 위해 일하고 있다. 이때 오토모노나나무리 오무라지의 명으로 백제에 파견되었던 일라는 46년간이나 백제에서 관료로 근무하다가 586년에야 귀국했다(비다쓰천황 12년 시세조)."라는 부분을 그대로 인용하고 나서 "김현구는 백제를 야마토 조정의 속국이라고 주장한다. 야마토 조정이 백제를 통해 한반도 남부를 통치했다는 것이다. 그 유일한 근거는『일본서기』뿐이다."라고 자신의 주장을 기술한 후 다시 김현구의 책 중 "『일본서기』에는 507년에서 562년 사이에 백제가 야마토 정권에 파견한 24회의 사자 중에서 백제의 요구가 명확히 적시되

어 있는 경우는 14회라고 되어 있다. 그중에서 임나에 관한 내용은 5회이고 나머지 9회는 전부 원군이나 군수 물자를 요청하는 내용이다. 따라서 당시 야마토 정권과의 관계에서 백제가 일관되게 추구하던 것은 군사 원조였다고 볼 수 있다."라는 부분을 그대로 인용하였다. (이 사건 책 제344, 345면)

○ 피고인은 이 사건 책에서 다음과 같이 일관하여 '김현구의 책에는 표면적으로 내세우는 주장과 다른 속뜻이 숨겨져 있다'는 취지의 주장을 하였다. 이처럼 책의 행간에 숨겨진 의미 또는 저자의 숨은 의도는 책을 읽는 사람의 시각에 따라 다르게 해석될 수 있는 것으로서 객관적인 증거에 의해 쉽게 입증될 수 있는 성질의 것이 아니다.

①"김현구는 임나를 실제로 지배한 것은 야마토 정권이 아니라 백제라는 안전판을 하나 만들어놓았다. 그리고 임나가 실제 한반도 남부를 지배했다고 설명했다. 어떻게 보면 임나를 지배한 것이 백제라는 사실을 밝혀낸 역작처럼 보일 수도 있다. 그러나 이 책은 이런 교묘한 장치에도 불구하고 본질은 변하지 않고 있다. 식민사학자들의 현란한 말에 속지 말고 항상 '결론은?'이라고 물어야 한다고 이미 말했다."(이 사건 책 제339면)

②"식민사학자들은 일종의 가림막을 쳐서 자기방어를 할 줄 안다. 김현구 역시 이것만 이야기하면 물의를 빚을 것을 잘 알고 있다." (이 사건 책 제343면)

③"필자처럼 글쓰기를 업으로 삼다보면 겉으로 표방한 제목의 속내를 간파하는 데 익숙해진다. 용어 선택이야말로 한 학자의 세계관이 가장 정확하게 드러나는 문제다."(이 사건 책 제349면)

④ "용어는 그 사람의 속내를 잘 표현하는 법이다. 최재석은 베테랑 수사관처럼 김현구 같은 범인이 감추고 싶어 하는 증서를, 그 속내까지 정확하게 집어내고 있다."(이사건 책 제350면)

○ 위 (다)항에서 본 바와 같이 김현구는 자신의 책에서 표면적으로는 당시 백제와 야마토 정권이 용병관계와 같은 대등한 관계였던 것처럼 기술하면서도 '야마토 정권이 임나의 지배에 관하여 백제에게 명령을 하였고, 백제의 왕이 이 명령을 수행하였다', '백제가 일본 천황을 섬기기 위한 목적으로 직지왕의 누이동생 신제도원을 시작으로 지진원 등 왕녀들을 일본에 보냈는데, 그 왕녀 중 지진원이 부정한 행동을 하자, 일본의 천황이 지진원을 화형에 처하였다', '위와 같은 지진원 사건 이후 백제는 왕녀 대신 남자 왕족들을 보내기 시작하였고, 그 중 일부는 야마토 정권에 의해 정책적으로 일본 여자와 혼인을 맺어 일본에서 자식을 낳았고 그 중 일부가 백제로 돌아와 왕이 되었다'는 취지의 기술들을 하였다. 위 기술들은『일본서기』에 나오는 내용만을 근거로 한 것인데, 김현구는 자신의 책에서 위 해당부분을 언급 하면서 삼국사기, 삼국유사 등 우리나라나 제3국의 사료들과의 비교를 통해 이와 같은『일본서기』의 내용에 신빙성이 있는지 여부를 비판적으로 검토하는 내용을 전혀 부기하지 않은 채 '그 사실성 여부는 차치하고서' 라고 기재하거나 마치 위 내용이 사실일 가능성이 높다는 취지로 기술하기도 하였다. 그러나 대등한 관계에 있었던 고대국가 사이에서 한 국가가 상대방 국가의 명령을 받아 이를 수행하거나 상대방 국가의 왕을 섬기기 위해 왕족들을 파견하고 그들이 부정한 행위를 하였다는 이유로 화형에 처해졌음에도 불구하고 항의를 하거

나 보복조치를 취하지 않고 계속해서 왕족들을 파견하였다는 것은 역사학자가 아닌 일반인의 입장에서도 의구심이 생길 수 있는 내용이다. 또한 일본의 역사사회학자인 세키네 히데유키도 원심법정에서 『일본서기』는 국가와 천황의 정당성 확보라는 정치이데올로기를 산출하기 위해 편찬된 사서이고, 현재 연구자들 중 『일본서기』의 신빙성을 의심하지 않는 연구자는 없다'고 진술하였고, 검찰 측 증인인 사학과 교수 이재석도 당심 법정에서 『일본서기』는 굉장히 왜곡된 내용을 많이 담고 있어서 그대로 이용하기는 도저히 무리인 책이다'는 취지로 진술하였다. 그렇다면 김현구가 표면적인 주장과는 달리 이와 같이 신빙성에 의문이 많은 사서인 『일본서기』의 내용에만 의존하여 위와 같은 기술을 한 것을 이유로, 피고인이 '김현구가 백제를 야마토 정권의 속국 내지 식민지인 것처럼 기술하였다'고 주장한 것이 단순한 허위 사실의 적시라고 평가하기는 어렵다.

다. 피고인에게 비방할 목적이 있었는지 여부에 대한 판단

다음으로 피고인에게 김현구를 비방할 목적이 있었는지 여부에 관하여 본다.

(1)관련 법리

형법 제 309조 제1항 및 정보통신망 이용 촉진 및 정보보호 등에 관한 법률 제61조 제1항 소정의 '사람을 비방할 목적'이란 가해의 의사 내지 목적을 요하는 것으로서 공공의 이익을 위한 것과는 행위자의 주관적 의도의 방향에 있어 서로 상반되는 관계에 있다고 할 것이므로, 적시한 사실

이 공공의 이익에 관한 것인 경우에는 특별한 사정이 없는 한 비방할 목적은 부인된다고 봄이 상당하다. 그리고 '적시한 사실이 공공의 이익에 관한 경우'라 함은 적시된 사실이 객관적으로 볼 때 공공의 이익에 관한 것으로서 행위자도 주관적으로 공공의 이익을 위하여 그 사실을 적시한 것이어야 하는데, 여기에서 공공의 이익이라 함은 널리 국가·사회 기타 일반 다수인의 이익에 관한 것뿐 아니라 특정한 사회집단이나 그 구성원 전체의 관심과 이익을 포함한다.

나아가 그 적시한 사실이 공공의 이익에 관한 것인지 여부는 당해 명예훼손적 표현으로 인한 피해자가 공무원 내지 공적 인물과 같은 공인인지 아니면 사인에 불과한지, 그 표현이 객관적으로 국민이 알아야 할 공공성·사회성을 갖춘 공적 관심 사안에 관한 것으로 사회의 여론형성 내지 공개토론에 기여하는 것인지 아니면 순수한 사적인 영역에 속하는 것인지, 피해자가 그와 같은 명예훼손적 표현의 위험을 자초한 것인지, 그리고 그 표현에 의하여 훼손되는 명예의 성격과 침해의 정도, 그 표현의 방법과 동기 등의 여러 사정에 비추어 판단하여야 할 것이다(대법원 2005. 10. 14. 선고 2005도 5068 판결, 2002. 12. 10. 선고 2001도7095 판결 등 참조).

(2) 판단

다음과 같은 사정 및 논거를 모두 종합하여 보면, 피고인에게 김현구 개인을 비방할 목적이 있었다고 판단되지 않고 달리 비방의 목적을 인정할 증거가 없으므로, 이 점을 지적하는 피고인의 주장도 타당하다.

○ 피고인은 이 사건 책의 머리말에서 다음과 같이 저술의 목적을 밝혔

다. 이에 나타난 피고인의 현실인식은 '일제 강점기 이후 현재까지 일제식민사관이 극복되지 못함에 따라 사회 전체적으로 큰 해악이 초래되었는데, 이러한 현실을 극복하기 위해서는 학연 등을 중심으로 형성된 식민사관의 카르텔에 대하여 과감한 비판을 할 필요가 있다'는 것으로 보인다. 그렇다면 이와 같은 피고인의 현실 인식이 타당하고 적절한지 여부는 차치하고서라도, 최소한 피고인이 이 사건 책을 저술한 주요한 동기가 주관적으로 공공의 이익을 위한 목적에서 비롯되었다는 점을 부정하기는 어렵다.

"지금까지 단 한 명도 자신을 식민사학자라고 고백한 사람은 없다. 이 땅의 역사학자들은 총론으로는 누구나 식민사학을 비판한다. 그러나 진짜로 식민사학을 비판하는 학자가 등장하면 온갖 수단을 써서 매장시키기 바쁜 인물로 재빠르게 변신한다. 물론 이들이 '식민사학을 비판했기 때문에 비난하는 것이다'라고 속내를 드러낼 정도로 순진한 사람들이 아니다. 그래서 '재야'니 '소설가'니 '장사꾼'이니 하는 말이 등장한다. 심지어 '민족주의자'라는 말까지 비난하는 용도로 사용된다. 그러면 이념 위에 학연 있는 카르텔이 즉각 가동된다. 그래서 이 땅에서 식민 사관의 구조와 내용, 그리고 그 인맥을 비판하려면 상당한 모욕과 시련을 겪을 각오를 해야 한다. (중략) 그러나 이제는 이런 카르텔을 깰 때가 되었다. 이런 카르텔 때문에 21세기 백주대낮에 '세월호' 비극이 발생했고 21세기 백주대낮에 병역 의무를 수행하던 젊은이가 병영에서 맞아죽는 비극이 발생했다. 모두 해방 후 청산 당했어야 할 친일파들이 다시 정권을 장악한 가치전도에서 연유한 사건으로 필자는 확신한다."

○ 피고인은 실제로 김현구를 한 번도 만난 적이 없고 김현구와 개인적인 원한관계가 있었다거나 사적으로 이해가 대립되는 관계에 있었다는 점을 입증할 증거도 전혀 없다. 물론 김현구가 사학계의 주류라고 할 수 있는 소위 '강단사학'에서 영향력이 있는 위치에 있는 인물이고, 피고인은 이와 입장이 다른 소위 '재야사학'의 일원인 것으로 보이는 점에 비추어 보면, 피고인이 김현구를 비판할 경우 사학계에서 자신의 존재감을 부각시키고 사회적 명성을 제고할 수 있는 등 피고인이 얻을 수 있는 사적인 이익이 전혀 없다고 할 수는 없겠으나, 앞서 본 바와 같은 피고인의 주요한 저술 목적에 비추어볼 때, 그러한 사익적 동기는 상대적으로 부수적인 것에 불과하다고 판단된다.

○ 김현구는 고려대학교 역사교육과 교수, 동북아역사재단 이사 등을 역임한 사람으로서 이 사건에서 문제가 되고 있는 책뿐만 아니라 "김현구 교수의 일본이야기", "백제는 일본의 기원인가" 등의 대중적인 책도 발간한 바 있다. 특히 김현구가 이사를 역임한 바 있는 동북아역사재단은 교육부 산하기관으로서 2008년부터 총 47억 원의 국가예산을 투입하여 진행된 동북아 역사지도 편찬사업 등 동북 아시아의 역사와 관련된 주요한 국책사업들을 수행하고 있는 공적인 단체이다. 이처럼 김현구는 우리나라의 역사학계에 상당한 영향력을 행사하는 지위에 있을 뿐만 아니라 역사와 관련된 국책사업의 수행에도 중요한 역할을 담당하였고 대중적인 역사서적을 통해 일반인들에게도 작지 않은 파급력을 미치고 있는 사람으로서 폭넓은 비판과 견제가 허용되어야 하는 공적인 인물에 해당한다고 보아야 한다.

○ 현재 우리나라에서는 한국 고대사의 해석을 둘러싸고 중국의 동북공정 논란, 일본의 임나일본부설 주장 등으로 촉발된 역사학계 및 시민사회의 논쟁이 치열하게 전개되고 있는 것으로 보인다. 이와 같은 상황에서 김현구의 책에서 소재로 사용된 임나일본부설에 대한 해석의 문제나 피고인이 주장하는 식민사관의 극복의 문제는 사회 전체적으로 국민들이 알아야 할 공공성·사회성을 갖춘 공적인 관심 사안으로서 활발한 공개토론 등 폭넓은 논평의 자유가 필요한 사안에 해당한다.

○ 피고인과 김현구는 모두 역사를 연구하는 학자들이고 이 사건 책과 그 비판대상인 김현구의 책 또한 모두 학술적인 성격을 가진 대중적 서적이다. 앞서 본 바와 같이 피고인은 아무런 근거 없이 김현구를 음해한 것이 아니라 김현구의 책에 나오는 내용을 그대로 인용하면서 그 책의 함의에 대한 자신의 평가와 의견을 밝힌 것이다. 피고인의 그와 같은 평가가 정당한지 여부는 독자들이 스스로 김현구의 책과의 비교, 검증을 통해 판단할 수 있는 것이고, 김현구 또한 학술활동이나 언론기고 등을 통해 적극적으로 근거를 제시하면서 자신의 진의가 피고인의 주장과 다르다는 점을 주장할 수 있었다. 그럼에도 불구하고 김현구는 원심 법정에서 '이 사건 책이 출간된 후 피고인으로부터 이 문제에 대한 공개토론을 제안 받았으나, 초등학생과 같은 수준의 피고인과는 공개토론을 할 수 없다고 생각하여 이를 거절하였다'는 취지로 진술하는 등 반박과 토론 등을 통해 문제를 해결하고자 하는 적극적인 노력은 하지 않은 것으로 보인다. 이와 같이 학자들 사이에 학문적 토론을 통해 해결되어야 할 문제가 그러한 사전적 절차 없이 곧바로 사법적 판단의 대상이 되는 것이 과연 바

람직한 것인지에 대해서도 의문의 여지가 있다.

○ 피고인은 이 사건 서적에서 김현구에 대하여 "일본 유학만 갔다 오면 친일을 넘어서 매국까지 나아가는 신기한 행태를 반복하고 있다", "김현구를 구한말의 이완용 일파의 매국 행위에 비유한 최재석의 비평은 지나친 비유가 아니다", "살아있는 친일파 김현구", "김현구 같은 매국, 매사 인물이 같은 대학 내에서, 대 선배교수를 상대로 '이론이 다른 학자 죽이기'를 자행" 등의 자극적인 용어를 사용하였으나, 이러한 표현은 앞서 본 바와 같이 피고인이 김현구의 책에 내포된 함의 및 김현구가 자신의 책이나 평소 학술활동을 통해 공적인 영역에서 보여준 학문적인 경향과 행태를 비판하는 과정에서 사용한 것으로서 오로지 김현구 개인의 사생활을 비난하거나 그의 인격을 매도하기 위한 목적으로 사용한 것이라고 단정하기 어렵다.

○ 출판물에 의한 명예훼손죄에 '비방의 목적'이라는 추가적인 구성 요건이 존재하는 것은, 출판물이라는 매체의 파급력을 고려하여 법정형을 일반적인 명예훼손죄보다 높이는 대신, 학문과 사상 및 정보를 전달하는 매개체인 출판물을 이용한 의사소통의 경우에는 비방의 목적이 있는 때에만 처벌하도록 함으로써 출판물을 통한 표현의 자유를 최대한 폭 넓게 보장하고 자유로운 의견의 개진과 이에 대한 적극적인 반박, 비판, 상호 토론을 통해 원활한 여론형성을 가능하게 하는 것이 민주주의의 원칙에 부합하고 학문의 발전에 기여한다는 고려에서 나온 것이라 사료된다. 또한 국가권력 특히 사법권이 신중한 고려 없이 학자들 사이의 학문적 비판과 논쟁에 과도하게 개입하여 그중 어느 일방을 무분별하게 형사 처벌할

경우, 비판적 소수자들의 적극적 문제제기를 위축시키고 주류의 지배적인 논리만을 보호함으로써 자유로운 토론을 통해 학문과 사상이 발전할 수 있는 기회를 봉쇄하는 결과를 초래할 수 있다. 이러한 관점에서 학문과 사상의 영역에 대한 국가형벌권의 행사는 가급적 자제되어야 하고 출판물에 의한 명예훼손죄에서의 비방의 목적 또한 최대한 제한적으로 해석함이 마땅하다.

라. 증거채택과 관련된 법리오해 주장에 대한 판단

형사소송법 제291조 제1항은 "소송관계인이 증거로 제출한 서류나 물건 또는 제272조, 제273조의 규정에 의하여 작성 또는 송부된 서류는 검사, 변호인 또는 피고인이 공판정에서 개별적으로 지시 설명하여 조사하여야 한다"고 규정하고 있고, 같은 법 제292조 제1항은 "검사, 피고인 또는 변호인의 신청에 따라 증거서류를 조사하는 때에는 신청인이 이를 낭독하여야 한다"고 규정하고 있으며, 같은 법 제293조는 "재판장은 피고인에게 각 증거조사의 결과에 대한 의견을 묻고 권리를 보호함에 필요한 증거조사를 신청할 수 있음을 고지하여야 한다"고 규정하고 있고, 같은 법 제318조 제1항은 "검사와 피고인이 증거로 할 수 있음을 동의한 서류 또는 물건은 진정한 것으로 인정한 때에는 증거로 할 수 있다"고 규정하고 있다.

기록에 의하면, 검사가 원심 재판의 변론종결 후 선고를 하루 앞둔 2016. 2. 4. 김현구의 저서 중 "야마토 정권의 대외관계연구", "고대 한일 교섭사의 제문제"를 참고자료로 제출한 사실, 원심 재판장이 선고 당일 법정에 출석한 피고인의 변호인 윤홍배에게 검찰의 위 참고자료와 관련

하여 방어권 보장을 위하여 더 할 것이 있는지 묻자, 위 변호인이 '없다'고 진술한 사실, 원심은 판결문에서 위 참고자료를 '증거의 요지' 부분에 거시하지 않은 채 '허위의 점에 대한 인식이 있었는지 여부'에 대한 판단 부분에서 위 참고자료의 내용 중 일부를 인용한 사실을 인정할 수 있다. 그렇다면 위 인정 사실에 나타난 다음의 사정, 즉 위 참고자료가 제출된 시점이 선고를 불과 하루 앞둔 시점에 제출되어 피고인이나 변호인이 이에 대해 충분한 검토를 하기 어려웠던 점, 증거로 함에 동의한다는 의사표시는 공판기일의 증거조사단계에서 하여야 하는데, 원심에서는 선고에 앞서 변론을 재개한 후 증거조사 절차에서 증거동의를 받거나 앞서 본 형사소송법 소정의 적법한 증거 채택 및 조사절차를 취하여야 함에도 불구하고 그러한 조치를 취하지 않은 점, 그럼에도 불구하고 위 참고자료의 내용이 '허위사실의 인식'이라는 범죄구성 요건을 인정하기 위한 근거로 인용된 점 등을 종합하면, 원심판결에는 피고인이 주장하는 바와 같이 형사소송법이 정한 증거법칙을 위반한 잘못이 있다 할 것이다. 그러나 위 증거들은 당심에서 정식으로 피고인의 동의를 통해 그대로 증거로 채택되었으므로, 당심에서 위와 같은 사정을 파기사유로 삼지는 않는다.

4. 결론

그렇다면 피고인의 항소는 이유 있으므로 형사소송법 제364조 제6항에 따라 원심판결을 파기하고 변론을 거쳐 다음과 같이 판결한다.

　이 사건공소사실의 요지는 제2항 기재와 같은데, 앞서 본 바와 같이 이는 범죄의 증명이 없는 때에 해당하므로 형사소송법 제325조 후단에 따라 무죄를 선고하고, 형법 제58조 제2항 본문에 따라 판결의 요지를 공시하기로 하여 주문과 같이 판결한다.

재판장   판사 지영난
           판사 손원락
           판사 이종훈

5. 대법원판결문

대법원 판결

대법원 제2부 판결

사건   2016도19255 출판물에의한명예훼손
피고인   이덕일, 역사연구소소장
           주거 서울마포구 큰우물로 28
           (용강동, 래미안용강아파트)
등록기준지 서울 용산구 후암동 359
상고인   검사
변호인   법무법인(유한) 바른 담당변호사 김용균, 박상오
           법무법인 서울 담당변호사 이석연
원심판결   서울서부지방법원 2016. 11. 3. 선고 2016노287 판결
판결선고   2017. 5. 11.

주문

상고를 기각한다.

이유

상고이유(상고이유서 제출기간이 지난 후에 제출된 상고이유보충서 등의 기재는 상고 이유를 보충하는 범위 내에서)를 판단한다.

1. 사실의 적시와 의견표현의 구별에 관하여

가. 명예훼손죄에 있어서의 사실의 적시란 가치판단이나 평가를 내용으로 하는 의견표현에 대치되는 개념으로서 시간과 공간적으로 구체적인 과거 또는 현재의 사실관계에 관한 보고 내지 진술을 의미하는 것이며, 그 표현내용이 증거에 의한 입증이 가능한 것을 말하고 판단할 진술이 사실인가 또는 의견인가를 구별함에 있어서는 언어의 통상적 의미와 용법, 입증가능성, 문제된 말이 사용된 문맥, 그 표현이 행하여진 사회적 상황 등 전체적 정황을 고려하여 판단하여야 한다(대법원 1998. 3. 24. 선고 97도2956 판결 등 참조).

다른 사람의 말이나 글을 비평하면서 사용한 표현이 겉으로 보기에 증거에 의해 입증 가능한 구체적인 사실관계를 서술하는 형태를 취하고 있다고 하더라도, 글의 집필 의도, 논리적 흐름, 서술 체계 및 전개방식, 해당 글과 비평의대상이 된 말 또는 글의 전체적인 내용 등을 종합하여 볼 때, 평균적인 독자의 관점에서 문제된 부분이 실제로는 비평자의 주관적 의견에 해당하고, 다만 비평자가 자신의 의견을 강조하기 위한 수단으로 그와 같은 표현을 사용한 것이라고 이해된다면 명예훼손죄에서 말하는 사실의 적시에 해당한다고 볼 수 없다.

나. 이 사건 공소사실의 요지는, 피해자가 「임나일본부설은 허구인가」라는 저서 (이하 '피해자 책'이라고 한다)에서 임나일본부라는 명칭을 부정함은 물론, 일본이 고대사의 특정 시기에 가야를 비롯한 한반도 남부 일정지역을 점령하거나 통치했다는 사실을 일본인이 신봉하는 일본서기의 사료를 이용해 반박하였을 뿐이고 피해자 책에는 아래 ①,②,③과 같은 내용이 들어 있지 않음에도 불구하고, 피고인은 피해자 책의 내용을 다룬 「우리 안의 식민사관」이라는 책(이하 '이 사건 책'이라고 한다)을 집필·발간하면서, 피해자가 ① "임나일본부설이 사실이다", ② "백제는 야마토 조정의 속국·식민지이고, 야마토 조정이 백제를 통해 한반도 남부를 통치했다"고 주장했다고 기술하고, ③ "일본서기를 사실로 믿고, 스에마쓰 야스카즈의 임나일본부설을 비판하지 않고 있다"고 기술함으로써, 피해자를 비방할 목적으로 출판물에 의하여 공연히 허위의 사실을 적시하여 피해자의 명예를 훼손하였다는 것이다.

다. 앞서본 법리와 기록에 의하여 알 수 있는 다음과 같은 사정, 즉 위 ①,②,③ 부분은 겉으로는 증거에 의해 입증 가능한 구체적인 사실 관계를 서술하는 형태를 취하고 있어 그 부분만을 놓고 보면 사실의 적시로 오인될 소지가 없지 않으나, 이 사건 책은 피고인이 그 머리말에서 밝히고 있는 것과 같이 식민사관에 대한 비판을 목적으로 집필되었고 시종일관 위와 같은 시각에서 기존 주류사학계의 연구성과를 비판하는 내용으로 전개되는 점, 위 ①,②,③ 부분은 피해자 책의 특정부분을 인용한 후 그 부분의 논리구조를 설명하거나 피해자 책의 내용을 요약한 다음 이에 대한 피고인의 해석을 제시하고, 여기에 피고인 나름대로의 비판적 평가를 덧붙이는 서술체계를 취하고 있는 점 등과 이 사건 책 및 피해자 책의 전체적인 내용 등을 종합하여볼 때, 이 사건 책을 읽게 될 평균적인 독자의 관점에서 보면 위 ①,②,③ 부분은 피고인이 이 사건 책의 다른 부분에서 제시하고 있는 것과 같은 자료 내지 논증을 근거로 하여, '피해자는 임나의 지배주체가 백제라고 주장하였지만 그 밖에는 스에마쓰 야스카즈의 임나일본부설과 일본서기의 내용 대부분을 사실로 받아들였고, 표면적으로는 백제와 야마토 조정이 대등한 관계에 있는 것처럼 기술하였으나 실질적으로는 백제가 야마토 조정의 속국인 것처럼 묘사하였으므로, 결과적으로 야마토 조정이 한반도 남부를 통치했다는 임나일본부설이 사실이라고 주장한 것과 다름없다'는 취지의 피고인의 주장을 함축적이고 단정적인 문장으로 서술한 것으로서 피고인의 주관적 의견에 해당하고, 다만 피고인이 위 의견을 강조하기 위한 수단으로 그와 같은 표현을 사용한 것이라고 이해된다고 할 것이다.

비록 위와 같은 피고인의 주장 내지 의견에 대해서는 그 내용의 합리성이나 서술 방식의 공정성 등과 관련하여 비판의 여지가 있다고 할지라도 그러한 비판은 가급적 학문적 논쟁과 사상의 자유경쟁 영역에서 다루어지도록 하는 것이 바람직하고, 명예훼손죄의 구성요건을 해석하면서 겉으로 드러난 표현방식을 문제 삼아 사실의 적시에 해당한다고 쉽사리 단정함으로써 형사처벌의 대상으로 함부로 끌어들일 일은 아니다.

라. 원심은 위 ①,③ 부분에 관하여는 이 사건 책에서 기술한 내용의 전체적인 취지가 공소사실 기재와 같지 않다거나, 이 사건 책에서 기술한

내용이 허위사실이 아니라거나, 위 ①,③ 부분을 공소사실 기재와 같이 해석하더라도 이는 피해자 책에 대한 피고인의 의견 또는 평가를 밝힌 것이라는 이유로, 위 ② 부분에 관하여는 이를 피해자 책에 숨겨진 이면의 논리에 대한 피고인의 가치판단과 평가를 내용으로 하는 의견 표명에 해당한다는 이유로 제1심 판결을 파기하고, 피고인에 대하여 무죄를 선고하였다.

원심의 이유 설시에 다소 미흡한 점은 없지 않으나, 피고인에 대하여 출판물에 의한 명예훼손죄가 성립하지 않는다고 판단한 결론은 정당하고, 거기에 상고이유 주장과 같이 사실의 적시와 의견표현의 구별에 관한 법리를 오해하거나 논리와 경험의 법칙을 위반하여 자유심증주의의 한계를 벗어나 판결에 영향을 미친 위법이 없다.

2. 나머지 상고이유(허위사실의 적시 및 비방할 목적)에 관하여

이 부분 상고이유 주장은 실질적으로 원심의 사실인정과 증거의 취사선택을 다투는 취지에 불과하므로 적법한 상고이유가 되지 못할 뿐 아니라, 원심판결이유를 기록에 비추어 보더라도 원심의 이 부분 판단에는 상고이유에서 주장하는 바와 같이 허위사실의 적시 또는 비방할 목적에 관한 법리를 오해하거나 논리와 경험의 법칙을 위반하여 자유심증주의의 한계를 벗어나 판결에 영향을 미친 위법이 없다.

3. 결론

그러므로 상고를 기각하기로 하여, 관여 대법관의 일치된 의견으로 주문과 같이 판결한다.

재판장 대법관 조희대
주심   대법관 김창석
     대법 박상옥

지은이 김현구

1944년 충남 금산에서 태어나 고려대학교 사학과와 동 대학원에서 일본사를 전공하고, 1985년 와세다대학에서 석사·박사학위를 받았다. 일본 고대사와 한일관계사 분야의 권위자로서, 《大和政權の對外關係硏究》《임나일본부 연구》《김현구 교수의 일본이야기》《백제는 일본의 기원인가》《일본서기 한국관계기사 연구》《임나일본부설은 허구인가》《일본은 한국에 어떤 나라인가》등의 저서가 있다. 현재 고려대 역사교육과 명예교수로 있으면서 동북아역사재단 이사를 역임했다.